明治維新150年を考える
——「本と新聞の大学」講義録

モデレーター
一色 清 Isshiki Kiyoshi
姜尚中 Kang Sang-jung
赤坂憲雄 Akasaka Norio
石川健治 Ishikawa Kenji
井手英策 Ide Eisaku
澤地久枝 Sawachi Hisae
高橋源一郎 Takahashi Genichiro
行定 勲 Yukisada Isao

a pilot of wisdom

目次

まえがき　姜尚中 — 7

第一回　基調講演
これまでの日本、これからの日本——維新後一五〇年を考える
一色　清×姜尚中 — 11

第二回　何が失われたのか——近代の黄昏に問いなおす
赤坂憲雄 — 45

第三回　沈潜し、再浮上する財政の歴史から「いま」を読み解く
井手英策 — 81

第四回　故郷への眼差し——熊本地震の経験から
行定　勲 — 129

第五回　国民主権と天皇制――視点としての「京城」　石川健治　163
第六回　人はどこにいたのか　澤地久枝　211
第七回　小説の誕生　高橋源一郎　245
第八回　総括講演
一五〇年のメディアとジャーナリズム　一色 清×姜尚中　279
あとがき　一色 清　311

まえがき

姜尚中

二〇一八年は、明治維新から一五〇年にあたる。戦後そのものの終わりのような時代の空気の中で、維新後一五〇年という歴史の節目は、特別な意味を与えられつつある。端的に述べれば、それは、日本がどんなに「スゴイ」国家なのか、というメッセージに尽きる。これから、その特殊なナショナル・ヒストリーを国民挙げて再確認し、日本の誇りを取り戻すという国家的行事が、次々に行われていくことだろう。

国民よりは国家を前面に打ち出そうとする「明治翼賛」の大合唱は、現在進行しつつある、国家中心の「国のかたち」を目指す動きと重なり合い、開かれた歴史と社会への眼差《まなざ》しを摘み取るとともに、多様性を孕《はら》んだ歴史と社会に目を閉ざすことになりかねない。

司馬遼太郎風に言えば、「坂の上の雲」を目指した明治国家は、ギリシア神話に登場するイカロスのように太陽に向かって飛翔し、その果てに翼の蠟《ろう》が解けて、墜落してしまうことになった。明治維新から一五〇年のほぼ真ん中に位置する昭和二〇（一九四五）年八月一五日とは、明治創業によってつくられた国家の傲慢（ヒュブリス）と富国強兵のテクノロジーへの妄信を打ち砕く、歴史的大惨事であった。だが、それは同時に、戦前の歴史の反省の上に始まった再生、復活の「内面的な時間」（カイロス）であったともいえる。

あたかも、明治初期の時代に溢《あふ》れていた多事争論と、開かれた社会への自由闊達《かったつ》な空気が蘇《よみがえ》ったかのように、敗戦後の日本には、アナーキーなほどの、国家の天蓋が抜けた後の自由奔放な民衆の活況と平和、民主主義への渇望のエネルギーが満ちていた。この室町、明治と続く第三の「開国」によってはじめて、国民は、イカロスのようにアジアへの膨張を可能にした万能の翼が、にわか作りの蠟で固めたものにすぎないことを悟るとともに、その根拠のない優越感と驕慢《きょうまん》を打ち砕かれ、一人一人の肉声を語る術《すべ》を獲得したのだった。

夏目漱石は、すでに明治の終わりに、小説の主人公をして、にわか作りの翼で太陽に向かって飛翔していくことを、「牛と競争をする蛙《かえる》」に喩《たと》え、あたかもその後の破綻を予期していたかのように、次のように語らしめている。


精神の困憊《こんぱい》と、身体の衰弱とは不幸にして伴なっている。のみならず、道徳の敗退も一所に来ている。日本国中何所を見渡したって、輝いてる断面は一寸四方も無いじゃないか。

（『それから』）


明治維新から一五〇年のほぼ真ん中に刻まれた敗戦は、日本のみならず、アジア諸国の人々の犠牲を通じて、沖縄などの地域を除く日本列島の「断面」が輝く時代の到来をもたらした。明治国家の国家主義的な編制以来途絶えていた分権化と多事争論、言論の沸き立つ民主的な空間が、各所で成立した。しかし、それから七〇年以上の時が経過した現在、民主と平和、自由闊達な言論空間は、明らかに目詰まりを起こしている。——明治一四年の政変以後、明治国家が国家主義的な集権国家へと変貌し、言論空間の閉塞化が進んでいったのと同じように、イカロスの翼の寓話《ぐうわ》は、ふたたび繰り返されてしまうのだろうか。

三・一一以後に始まった「本と新聞の大学」は、今回で五期を数える。実力派の講師陣を配して、「日本の一五〇年」を主題に、実に多彩な議論を展開してもらった。モデレーター自身の問題関心は、この「まえがき」に記したとおりだが、本書に収められた魅惑的な講義が、近代日本の軌跡を振り返る一助となり、読者一人一人の自由闊達な思考を刺激するならば、それに勝る喜びはない。

第一回　基調講演

これまでの日本、これからの日本――維新後一五〇年を考える

一色　清×姜尚中

〔いっしき・きよし〕

朝日新聞社教育コーディネーター。一九五六年愛媛県生まれ。一九七八年に朝日新聞社入社。以降、経済部記者、経済部次長、「アエラ」編集長、「ｂｅ」エディター、出版本部長補佐、「WEBRONZA」編集長などを歴任。二〇〇八年から一一年まで、テレビ朝日「報道ステーション」コメンテーターも務めた。

〔カン・サンジュン〕

政治学者。東京大学名誉教授。熊本県立劇場理事長兼館長。一九五〇年熊本県生まれ。著書に『マックス・ウェーバーと近代』『オリエンタリズムの彼方へ』『ナショナリズム』『日朝関係の克服』『在日』『姜尚中の政治学入門』『愛国の作法』『悩む力』『続・悩む力』『心の力』『悪の力』など多数。小説作品に『母―オモニ―』『心』がある。

（講義日　二〇一六年一〇月一七日）

【基調講演】

一色　今回、本と新聞の大学のテーマは壮大です。これまでの日本、これからの日本を、維新後一五〇年というタイムスパンで考えるというものです。

二〇一八年に維新後ちょうど一五〇年になります。中村草田男が「降る雪や明治は遠くなりにけり」（一九三一年作）と詠みましたけれど、明治の最後の年、明治四五年生まれの人が今年（二〇一六年）一〇四歳です。つまり明治生まれは一〇四歳以上の方だけです。

二〇一八年を明治一五〇年として、この一五〇年間を太平洋戦争の四年を挟んで前後を見ますと、ちょうど七三年ぐらいずつになります。同じぐらいの期間ではありますが、歩んだ道はまるで違います。ただ一つだけ似ているところがあります。ともにキャッチアップは上手にした。その後に次の目標がなくて混迷している、という点です。

明治維新の後、脱亜入欧を目指して猛烈な勢いで欧米をキャッチアップします。日露戦争までが三十数年です。日露戦争に勝った後、もう列強に肩を並べたという状況になりました。しかし、そこから先、日本は目標を見失っておかしくなっていきます。軍国主義に向かっていって、結局破滅するわけです。

戦後も、焼け跡から復興して、一九七九年にエズラ・ヴォーゲルが『ジャパン・アズ・ナンバーワン』を書いたように、三十数年ぐらいで見事にキャッチアップしました。その後、「次は何を目指そうか」というところで混迷に入るわけです。だから、日本は、キャッチアップはうまいけれど、その後に、理想の自画像を描いて、それを目指して歩んでいくのが下手だと思うわけで、この点は、時代は変わっても同じようです。

今回の全体を通した講義で、日本は今後どういう姿を描いていけばいいのかを考えるヒントがつかめればいいのかなと思っております。

＊

姜　今、一色さんから、戦前と戦後とは、形は違ってもどこかに同じような歴史の軌跡があるのではないかというお話がありました。日本の一五〇年、いわば日本の近代といっていい一五〇年を常にどこか頭に描きながら、今起きていること、これからの日本、そしてこれまでの日本を考えてみましょうという趣旨です。

具体的にある現場に足を運んでその中で自分の体で感じたこと、また現場から立ちあらわれてくるさまざまな情報があります。そうした情報はたぶんジャーナリズムが拾い上げてくる性格のものだと思います。大学における、例えば歴史学は、過去のさまざまなものを記述するときに、どうしても資料中心主義にならざるを得ない。それはそれでたいへんな作業ですけれども、実際に現場に自分の足を運んでみて、その現場で自分が感じているものを、大学における、活字中心の学問や研究とどこかで接続できないかと考えて、今、通信社の企画でいろいろなところに足を運んでいます。

二〇一八年で明治から一五〇年になりますけれども、今までの日本はどういう軌跡を歩んできたのかということを問いながら今起きている問題を具体的に考えようというわけです。日本が今抱えている問題、例えば福島第一原発の事故からエネルギーという問題が新しく問われています。

あるいは震災がありました。明治一五〇年ということでいえば、実は明治二二(一八八九)年に熊本大地震が起きています。マグニチュード六・三の地震でした。そのときに熊本城も一部崩落した。この明治二二年の大地震の七年後、夏目漱石が熊本に来た。熊本県ではこれを「漱石来熊《らいゆう》」と言って、その一二〇年を二〇一六年四月一三日に祝っていた。たまたま私はそのイベントに呼ばれて熊本に行っていたところ、その翌日、四月一四日に熊本震災で被災しました。

そういう点で、震災というものが人間の社会にどういう影響をこれまでもたらしてきたのかというテーマがあります。

あるいは教育、大学改革、日本の教育はこの一五〇年どんな歩みをしてきたのか。私も長く大学の教員をしてきましたから、大学に関して非常に関心が高いですし、多くの人が日本の教育に関して関心を持たざるを得ないでしょう。

さらには農業の問題、TPPを初めとして日本の第一次産業の根幹である農業はどうなるだろうか。この問題は戦前からずっと営々としてあります。

一つの問題だけでも深掘りすればたぶん一年あっても足りないような問題ばかりですが、それを一応現場に行って、そして過去の歴史と対話しました。

軍艦島とエネルギー問題

姜　言うまでもなく福島第一原発の問題は、当然我々には直近の問題として大きい。これは原発を推進する立場であれ、あるいは慎重な立場であれ、あるいは反原発の立場であれ、少なくともエネルギーという問題は我々にとっては大きな課題の一つです。そのときに、私が一五〇年のスパンで考えたことは、石炭はどうだったんだろうかということです。

そこで思い浮かんだところが長崎県の高島炭鉱（長崎市高島）でした。その近くには端島《はしま》炭鉱もあり、こちらは通称・軍艦島と呼ばれていて、両方とも世界遺産になりました。今、長崎の観光拠点はグラバー邸とこの軍艦島になっています。歴史的に見れば、グラバーは高島炭鉱の開発にかかわり、軍艦島にもグラバーハウスがありますが、両者の結びつきについてほとんどの人々がわからないのではないかと思います。

この端島がなぜ軍艦島と言われたかというと、外観が戦艦の土佐に似ているということらしいのですが、本来は小さな島をかなり埋め立てをして広げた人工島です。この島は非常に有名で、世界的にも珍しい。

ここには最盛期には五千数百人が住んでいました。七階建ての鉄筋コンクリートの集合住宅はここが日本で初めてです。実は当時の東京・銀座よりはるかに人口稠密《ちゅうみつ》だった。日本一の人口稠密の島がこの端島だったのです。そして驚くべきことに、建物の上で植物栽培をやったのもここが初めて。つまりビルの上に菜園を作っていた。

今でも海域の潮流はものすごく急なんです。ここに近づくためには今でもなかなか難儀です。そして、台風が来ると一番上まで潮をかぶってしまう。ですから、ちょっとした波風があればもう一、二階は水浸しです。そういうところに、これは連行された人もいたと思いますけども、中国系と朝鮮半島から来た人たちがこのあたりの一階のほう、日当たりが悪く真っ暗で、そこに主に住んでいた。アジアから来た人たちが一番ボトムにあり、上の階にだんだん上がっていくほど地位が高くなるのです。そして上層階には高級管理職の人たちが住んでいたと思います。

この端島を見てみますと、ヒエラルヒーがはっきりと建物の構造にあらわれている。これはもう見事にピラミッドができている場所なんです。

私自身は、基本的にはこれが世界遺産になったことは言祝《ことほ》ぎたい。ただ、これは実態としてどういう島であったのかということについて、もう少ししっかりと多くの人々が認識を持つべきではないか。

熊本県荒尾市の万田坑には、おそらく東洋一と言われているすごいやぐらが建てられていました。万田坑は三井三池炭鉱の一部です。三井三池炭鉱というと、我々が小さいころに炭塵爆発で死者がたくさん出た。今は三池工業高等学校となっていますが、その前身の三井工業学校は刑務所の跡地に建てられたらしい。国営の段階ではまず囚人労働が発端なんです。国営の炭鉱からやがて三井に払い下げられて三井工業学校ができた。ですから、三井三池炭鉱は最初は囚人労働から始まった。九州及び九州に近いところから囚人をかき集めて、その数はどのぐらいかまだよくわかっていないと思います。その人たちを悼む碑も一応ありますけど、なかなか多くの人に知られていない。

私がなぜこういうところにこだわったかというと、炭鉱の地下には、万田坑は別にしても、たくさんの亡骸《なきがら》がまだ残されているのではないか。こういうところで私自身は、なるほど世界遺産としては言祝ぐべきだけれども、そこに生きた具体的な人の歴史を我々はもう一度見直していくべきじゃないか。そこに、やがて石炭から石油、そして原子力エネルギーに至る、そういうプロセスの中で何か連続しているものがあるのではないかということを感じたのです。

福島第一原発と炭坑節

姜　福島第一原発の中に入ってきました。五人体制で入って、東電のほうからも五人、五対五ですからマンツーマンで対応していただいた。建屋から、一五〇から二〇〇メートル近く、このあたりはたいへんな線量です。このときは、一応周辺部分はかなり線量が低いと言われたんですけれども、なかなか緊張感がありました。いくつかのゲートをくぐり抜けて中に入る。

この福島第一原発の中でやっていることは何かというと、汚染水を入れかえることが第一次的な仕事です。たくさんの汚染水をタンクに入れて、ストロンチウムとかいろいろな物質をろ過していく。だから、広大な敷地に膨大なタンクが林立している。これは私も驚きました。SF映画を見ているような光景です。しかし、そこで感じたことは、やっぱり端島だった。軍艦島をどうしても思い出す。後々の歴史家がこの福島第一原発が廃炉になったときに、これを軍艦島と言わずに何と言うかわからないけれども、歴史が一巡してもう一回もとに戻ったような感覚を覚えました。

ここで感じたことは、エネルギーの問題を考えていくときに、実際にエネルギーをつくり出していく、その人間が見えていないということです。三井三池炭鉱の中興の祖は後に三井財閥グループの総帥となった團琢磨《だんたくま》です。マサチューセッツ工科大学に留学をした秀才で、炭鉱でたくさん出る水をどう処理するか、炭鉱に入った場合の空気の入れかえなどの問題に取り組み、近代技術の導入で採炭を飛躍的に高めました。この人を三井は顕彰しているわけですけど、実際に石炭を掘りだしていた、名もなき人々はどのぐらいいたんだろう、そういう人たちはどこで何をしていたのか、そういうことを我々は教わっていないし、なかなか見えない。

そういうことを考えながら福島第一原発の中を見ていくと、今、膨大な数の人、六〇〇〇人か七〇〇〇人が毎日出勤しています。ゲートをくぐっていろいろな処理をやっている人たちが、温かいご飯が食べられる、社員食堂みたいなところもある。当初はそれがなかったので、ほとんどの人がカップ麺を食べて、あれだけの作業をしていた。今は、東電の言うとおり、確かに温かいご飯が食べられる。しかし、私はそこで働いている人たちがどこから来たのか、福島県出身なのか、あるいは県外なのか、その人たちはどういう思いでこの作業をしているのか。その人たちについてわからないことが気になりました。我々は、歴史を見直すときに、人はどこに行ったんだろうということに常に配慮しながらこのエネルギーの歴史を見ていくべきではないか。

「月が出た出た月が出た　ヨイヨイ」で始まる歌があります。ある世代以上の人なら誰でも知っている「炭坑節」です。これは労働歌として、日本の一九五〇年代にものすごく流行《はや》った。

芸者さん出身の歌手に歌わせたレコードがたいへんに売れたといいます。私も、よく大人たちが五右衛門風呂でお月さんが出ているとそれを歌っていたのが子供心に焼きついています。私は不覚にも三番を知らなかった。

あなたがその気で言うのなら　ヨイヨイ
思い切ります別れます
元の娘の十八に
返してくれたら別れます　サノ　ヨイヨイ

「一八歳になってあなたと結婚したけど、あなたがそんなにひどいことを言うならば別れます。元の一八歳の娘に私を戻してください」というのが炭坑節の三番目の歌なんです。つまり、この歌は女性の歌だったのです。

炭鉱では初期の段階から女性が重要な役割をしていました。実際、真っ裸に近い状態で炭鉱を掘り、選炭といって炭を分ける、そして余計なものを処分する、それから貨車に積む、こうした作業に携わる女性なしには炭鉱の歴史はあり得ませんでした。

一番目の歌は威勢がよくて、とにかくよっしゃ、よっしゃの世界かなと思っていたら、実は三番目からは女性哀歌として歌われている。それが、戦後、復興期の日本の、朝鮮戦争以後の労働歌として一挙に全国に広がっていった。

だから、私も、大牟田《おおむた》に近いところで生活していながら、炭坑節には、威勢のよい労働歌というニュアンスしか持っていなかった。そこにいたはずの女性がいない。炭鉱の歴史の中に女性はどういう存在なのか。それも人が見えていないということなんです。

炭鉱労働の中で一番賃金が低かったのは、実は日本人なんです。与論島の人です。そういう歴史を考えていくと、ただ単にアジアから日本を見るというだけじゃなくて、日本国内の重層的な、そういうさまざまな問題を見ていかないと、日本の近代なんてのは見えないのではないか、そんなことを現場に行きながら痛切に感じたわけです。

希望の牧場・ふくしま

姜　福島県浪江町《なみえまち》に「希望の牧場・ふくしま」があります。地理的に言うと、福島第一原発が見える場所です。ここには数百頭の牛がまだ殺処分を免れて、代表の吉沢正巳さんはこれを殺さないという決意で今ここでがんばっていらっしゃる人です。この牧場の牛は全部、いわゆる汚染牛です。ですから殺処分の命令が下された。でも、吉沢さんは殺処分をしていない。ここを希望の牧場にしたいんだと言います。

私が浪江町に入ってびっくりしたのは、骨がいたるところに散乱しているんです。その骨は家畜なんですけども、膨大な数の牛や豚、鶏が殺処分されました。もっとおぞましかったのは野生化した犬が死肉を食らうということなんです。死んだ豚の肉や牛の肉を食らっている。それから豚が、イノシシみたいに野生化する。大熊町《おおくままち》や双葉町《ふたばまち》に入るとイノシシや野生化した豚がいる。それから野犬です。

吉沢さんは、もともとは東京農大を卒業されて、お父さんの跡をついで酪農家となられた。この方の言葉で非常に私が胸を打たれたのが「棄民」という言葉です。この牧場はお父さんが開かれた。お父さんは満州からの引き揚げ者です。満州開拓で満州国に行って、そして国から捨てられて、結局内地に帰ってきてここでやっと農業を始めた。だから、この人が何度も言っていたのが、我々酪農家、農民はもう一度「棄民」に遭った、満州と、そしてもう一回福島第一原発で我々は「棄民」に遭ったんだと涙ながらに訴えていらっしゃった。一時間半ぐらい、もうただただ涙に暮れながら話すのを聞くしかなかったのですけれども……。

驚いたのは、表面に白い斑点が出ている黒毛の牛がいることです。その変化が何なのかということで東北大学に依頼をして、とにかく牛たちをずっと飼っていくことによって、生体実験になるんでしょうか、牛には酷だけれども、これを生かしておいて牛がどうなるかを経年度的に観察していくべきではないか。そのためにこの牛を殺処分しないでおきたいということをおっしゃっていました。

こう考えていくと、ある出来事には、単に光と影があるという言葉では尽くせない、人の営みというものがある。その人の営みから見ていけばおのずから原子力に頼らないという結論は出てくるのではないかと思います。

日本一貧しい村と消えたスラム

姜　私としては格差というものを地方と東京で比べてみたいと思います。そこから何が見えてくるだろうか。

これはよく質問に出すんですけども、日本で一番豊かな人が生活している場所は東京です。東京のどこでしょうか？　答えは「港区」です。その典型は、言うまでもなく六本木ヒルズや麻布の住宅街ですけれども、漱石の『それから』という小説でも代助のお父さんは青山のほうに邸宅を構えていました。実は、港区はずっと大名屋敷だった。そして驚くべきことに、関東大震災と戦災があったにもかかわらず根本的な区割りはあまり変わっていません。

港区は納税者一人当たり年間所得は大体一〇〇〇万円を超えるということです。人口は、昼間の人口は夜の四・五倍近くになるそうです。そして外国籍の人がかなりの割合を占めている。日本にある外国の大使館の多くが港区に集中しています。アメリカ大使館をはじめとして韓国大使館、ロシア大使館もそうです。また名だたるグローバル企業が港区にオフィスを置いている。外国籍の人々の中には、そうした大使館やグローバル企業で働く人々やその家族が多いと思います。そしてNHKを除くとテレビ局のキーステーションの全部があるのも港区です。赤坂のTBS、六本木のテレ朝とテレビ東京、お台場のフジ、新橋の日テレがそうですね。

それでは、日本で一番貧しいところはどこでしょうか？　我が熊本県の、球磨《くま》川の近くにある球磨村というところなんです。ここは人口が大体三八〇〇人前後で、納税者一人当たりの年間所得が二〇〇万円を下回っていると思います。しかし、実態は、まるで桃源郷です。球磨村のPRのようになって申しわけないですが、日本の棚田百選にも選ばれた棚田があり、福島の第一原発の事故で除染が大きな問題になった飯舘村《いいたてむら》も日本の美しい村の一つですが、球磨村も「日本で最も美しい村」連合に加盟しています。日本で一番貧しいというので、どんなところかとけっこう若い人が最近来ているみたいです。観光スポットにもなっているんです。

球磨村は非常に風光明媚《めいび》な場所で、夏になれば蛍が飛んでいる。そして、球磨川では鮎《あゆ》がたくさん捕れます。それから棚田があって、共同体でお米を作ってそれを分かち合う。そして、何よりも鹿とイノシシが多い。だから動物性タンパクは潤沢にある。なおかつ中山間地ですから、炭焼きがかなり行われていたらしい。言ってみれば、社会関係資本が潤沢にあるんです。市場経済では置き換えられない社会関係資本が、まだ依然として生きている。もちろん文化的なさまざまな施設は乏しい。しかし、高齢になってこういうところに住めるといいなという感じは私自身いたしました。

さて、一方、東京の浜松町には新網《しんあみ》町《ちょう》と呼ばれていたところがあります。実はここにはかつて日本最大のスラムがありました。浜松町駅の繁華街に面していない出口のほう、金杉橋口から出ると、そこはひっそりとしています。浜松町駅前には世界貿易センタービルがあったり、東京ガス本社や東芝本社があったり、えらく立派なビルがあるのに、その割にはこちらのほうに出ると閑散としている。ここがかつてたいへんなスラム街だった新網町の跡です。日本のスラム研究は四谷のスラムから出発していると言っても過言ではないのですが、しかし、浜松町がスラムでは最大のものです。つまり港区の一部はスラムを抱えていた。

日本はこのスラムや貧困に対してどういう対応をしてきたんだろうか。これが私は気になりました。それは、現在我々が、例えばNHKで高校生が自分の家庭の貧困というものをテレビで訴えたら「映画に行くぐらいだから貧困じゃない」とか「おまえの持ち物を見ると、それは決して貧困と言えない」とたいへんなバッシングに遭った。あるいは、誰だってむしゃくしゃすればパチンコの一つでもやりたくなりますが、生活保護を受けている人がそういうことをやるのはけしからんという。これはどうしてなんだろう。あるいはブラック企業につかまってもう働きたくないという若者がいると、「それは怠惰だ。このご時世に、一応雇用はあるんだから、働き口を選ばなければ働けるのではないか」という。若者の貧困は本人の責任だと、何となく我々はそういう風潮を受け入れてしまう。実は、これは必ずしも新しい現象ではありません。

浜松町かいわいの貧困に対する国の施策は、事実上なかったに等しい。むしろ関東大震災を通じて都市計画が新しくなっていくので、かつてのスラムにいた人たちは住み続けることができなくなって旧住民が流出していった、そして新しい住民が入ってきた。これを事実上の追放と散布という人もいます。ですから、国の体系的な貧困対策とか、貧困に対する国民のある明確な考え方や方針というものが必ずしも近代にあったわけではなくて、上からの、いわば恩恵主義としての貧困対策が部分的にあったにすぎないとしか思えません。

だから今、貧困というのが我々にはなかなか見えない。見えないということのルーツを探っていくと、大体江戸期の幕末ぐらいから明治期にかけて、貧しいということに対する一般市民、大衆の倫理観があるのではないか。大衆の倫理観としては節制、勤勉が連綿として今に続いてきています。それは近代的な価値としては賞賛されるべき徳目の一つですが、しかし、貧困であるのは倫理的に、人間的にダメなんだというような考え方が近代の初期に作られたわけです。その考え方がある限り、貧困であることは人間性と倫理の問題になってくる。その上に、いわば抜本的な貧困対策がなかなかなされないというのは、これは何も今に始まったことではない。

そんなことをつくづく考えさせられました。

教科書とローカル大学のサバイバル

姜　次は、教育です。教育を見ていくときに教科書から見たらどうなるのだろうか。東京都北区に東京書籍の教科書図書館・東書文庫があります。ここには平安時代からの、当時は教科書とは言いませんけれども、テキストが保存されています。驚きました。江戸時代からの寺子屋で使われていたテキストがほとんどここでちゃんと収蔵されているんです。私は改めて、日本のリテラシーの高さに脱帽しました。そして、実はここには海を越えた教科書もしっかりと保存されています。具体的に言うと、朝鮮半島、満州、あるいは東南アジア、あるいは南洋諸島で使われていた教科書、これもしっかりと保存されています。だから、教科書の歴史を見ていくと、それは内地だけではない、沖縄で教科書はどう使われていたのか、どんな内容だったのか、これを知る上で非常に役に立ちました。

結論から言いますと、日本は外からの影響があったときに教科書が一番自由になっている。それが二回ありました。開国して間もないときと占領期です。このときの教科書ははつらつとしています。ところが、どういうわけか国が強くなって主権を回復すると教科書は途端にステレオタイプになってきます。これはどう解釈したものか。つまりインディペンデントでないときほど自由な教科書があふれています。戦後間もなくの文部省は戦前の反省から、日本の国の歩みについて民主的な教科書『くにのあゆみ』を作っています。それから明治の初めには国定教科書はありませんから、福沢諭吉だとか、いろいろな啓蒙家《けいもうか》たちが翻訳したものが使われている。それは本当にバラエティに富んでいます。

ですから、一五〇年の歴史の中で、教科書だけ見ていくと、むしろ日本が独立していない、外部の勢力の大きな影のもとで、いわば切磋琢磨《せっさたくま》しようとするときに最もはつらつとして、自由な、多様な教科書が出ているということです。ここを我々はどう考えたらいいのか。

大学というものが今は明確に分極化していっています。グローバルかローカルかしかないわけです。文部科学省がスーパーグローバル大学に選んだ三七校はグローバル、あとはローカルです。そのローカル大学の典型が新潟大学です。それでは、新潟大学は、今生き残りのためにどんなことをしているのだろうか——ということで訪ねてみました。

新潟大学は、旧国立大学の中でも、いわば中堅として非常に名のある大学です。なぜ新潟大学に行ったかというと、新潟大学が最近初めて人事凍結を発表したからです。つまり大学の教員に欠員が出ても人事を凍結する。それぐらい財政的に逼迫《ひっぱく》しているということを自ら宣言した。ここに国立大学、とりわけその大学の現在置かれている状況というものが見えてくるのではないか。

新潟大学医学部は新潟市内の、交通の便がいいところにあります。ところが、医学部以外は、海から殴りつけるような吹雪、それから砂が吹きつけるような環境の近くにあります。だから学生さんが冬に通うのはなかなかたいへんでしょう。そう思いながら、典型的な地方大学がどうなっていくのかを、学務を担当されている副学長さんにうかがいました。

今の大学のあり方を非常に象徴的にあらわしているのが、大学でどんな専門課程を経てもその人たちの六割以上は大学の専攻とまったく関係のない分野に就職しているということです。例えば理学部でメダカの研究をしても、就職先はホテルマンとかだったりする。ホテルとメダカはどこで結びつくかということになる。そうなると就職のためにしかたなく、一般教養にプラスアルファをして、いわばリベラルアーツを盛んに強調せざるを得ない。だから、さまざまなカリキュラムの改正を行ったり、大学は生き残りのためにいろいろな工夫をしている。

ただ、そこで私が一番感じたことは、これは新潟大学だけではないと思いますが、自分が目指す価値や目標について大学生がよくわかっているという前提でカリキュラムが組まれているけれど、学生諸君は自分が進むべきそもそもの価値や目標、人生の生き方というものをほんとうに自分なりにわきまえて大学に来ているとは思えないということです。そういう「大学とは」というそもそも論をしっかりとやるべきではないか、こんなことを近代一五〇年の中で、今の教育の現場からものすごく感じたわけです。

震災から

姜　それで、今度は震災です。私は先ほど、四月一四日に震災に遭ったと申し上げました。実はその直前に阪神・淡路大震災の取材に行っていた。その前は気仙沼、さらにその前は島原の普賢岳《ふげんだけ》と、編集者と一緒に震災の現場を訪ね歩いていたのです。そうしたら私自身が当事者になった。まさか自分が被災するとは思いませんでした。

震災ということを考えるうえで、阪神・淡路大震災は非常に大きな教訓を我々に、永遠のともしびとして残しました。神戸で非常に心を打たれたのは、ある在日二世の方で、神戸市須磨《すま》区の工場の中でシューズを作っている人です。当時、自分の息子が大学生でたまさか自宅に帰っていた。そして震災の前日、帰るというのを、もう一泊ぐらいしてくれと引きとめた。ところが地震が起きた。そして家が壊れてしまって、すぐに息子を助けようとしたが、真っ暗闇ですからわからなかった。結局息子は亡くなって発見された。それから町内会の会長をやりながら、二一年経《た》った今でも、町内の防災についていろいろなことの語り部になっているわけです。

神戸が二一年経って、どうなったか。かつては神戸の最大の商業地区と言われた場所、大正筋通りにほとんど人がいないんです。高齢者の方しかいらっしゃらない。この近くは、『鉄人28号』の作者・横山光輝さんのふるさとになるので、鉄人28号の大きな像がありますが、本当にもう閑散としている。なぜこうなったのか。

神戸の大震災が起きたのは一九九五年一月でした。二年後の九七年には、日本経済はがくんと失速して、山一證券や拓銀等が破綻した。実は、兵庫県は創造的復興ということを看板に掲げて特別措置法と権限の分割譲与を国に迫っていました。「震災という非常時だから、まず特措法を作ってほしい、そして霞が関の権限を地方に分権化してほしい」と願い出た。関西の経済界もこれを後押しした。

ところが、九七年に日本経済ががくんと非常事態になる。やがて、財源や権限の移譲なんてとんでもないということになって、いわば官治集権というんでしょうか、これが大きな障害になった。だから、震災が起きて地域が地域独自の形で復興しようにも、やっぱり明治以来の官治集権という考え方がある限り、どうしてもそこを突破できない。その限界がはっきりと神戸の場合はあらわれた。だから、兵庫県は、実は三〇年前から、特に震災が起きてから兵庫県の経済成長率は、各県の中でも、成長率だけとると一番低いほうに入る。今もって神戸は人口が流出して、もうすでに福岡に抜かれています。

そして、今、大正筋通りの付近にはマンションがいっぱいできています。何が起きているのか。新住民が来ているんです。まるで、先ほど申し上げた浜松町の貧困の人々がいつの間にか消えていなくなったのと同じように、震災後は震災を経験した旧住民はほとんどがいなくなって、住民の入れ替えが起きている。結果として、この周辺の子どもたちや親御さんたちは二〇年前のことをまったく知らない。したがって震災の歴史は継承されない、ということが起きているわけです。私は、このことが熊本でも繰り返されるのではないかというので、熊本県でいろいろな発言をするときは阪神・淡路大震災のことを考えなければいけないと申し上げています。

気仙沼のミュージアムでは、学芸員さんからこんな話を聞かされました。「雪国は雪なしに町や村や生活や家屋を考えることはできません。雪国であればそれは当たり前です。それなら、震災が起きることがわかっていて、何で雪と同じように震災を前提として町や村や家屋や生活のあり方を考えないんでしょうか」と、シンプルな問いですが非常に胸に刺さった。

戦後の日本は、町や村や都会や私たちの豊かさのランドスケープを、何にプライオリティを置いて作ってきたんだろうかと考えさせられた。確かに青森県に行けば、八甲田山近くで雪は数メートルです。そんなところにどういう家を作ってはならないかというのは当たり前のことになる。また、雪かきだけでもたいへんだということはわかる。それらをちゃんと踏まえながら町や村の暮らしが成り立っている。それなら、地震があることがわかっていて我々の都市計画はこれまでどう作られてきたのか、考えさせられます。

こういうふうにして、日本の近代を今起きていることから少し考え直してみよう、しかも人を見ようというところで、これまでの日本、これからの日本を皆さんに考えていただければありがたいかなと思います。

＊

一色　いろいろと考えさせられるお話でした。軍艦島には、私も三年ぐらい前に行きましたが、あの島には一九七四年まで人が住んでいたのですよね。一九六〇年がピークであの小さな島に五千数百人もいました。だから、私ぐらいの世代の人間がいっぱいあそこで子ども時代を過ごしているのです。

私は、一般の観光客として行ったのですが、かつて軍艦島に住んでいた人がガイドさんをやっていて、また同じグループにいた人も、子ども時代に住んでいたと言っていました。そして、当時を懐かしがっているように感じました。実際は、真水もあまりないので喉がからからになるまで水を飲まないみたいな過酷な生活だったと説明されるのですが、楽しい思い出になっているのもわかるような気もしました。ものすごい人口密度で子どもたちがいたわけです。島の一番高いところに炭鉱の幹部住宅があるのですが、圧倒的多数は同じような労働者住宅に住んでいます。多くの子どもたちは炭鉱労働者の子どもとして同じような生活をしていたはずです。

だから楽しかったのかな、なんて思いました。

姜　今、一色さんがおっしゃったような状況が炭鉱労働者の住宅街にもあったかもしれない。例えば八重山の人も、ふだんは白眼視されていても、自分の郷の祭りをすると周りの人がそれに連れ込まれて何となく祭りの輪に入るとか、そういう喜怒哀楽がたくさんあったでしょう。世界遺産といっても、そういううずもれたものがなかなか今まで見えてこなかったんですね。だから、実際にその場所に行ってみないとわからないものがあるかなと、そういう感じはしました。

一色　私、先々週は能登半島をあちこち回って、農家民宿に泊まったりしたのですけど、あの辺はものすごい過疎地域です。限界集落が多くて、昼間も通りに人がいない。ただ祭りがすごく盛んで、地域ごとに大きな山車《だし》があります。ただ、その山車を引く若者がいない。浜辺で引くのでとても力が要る。それで、今はユンボで引くのだそうです。かつてはたくさんいた若者が引いたものを今はユンボで引く。今のままの出生率でいくと、一〇〇年も経つと明治時代の人口と変わらなくなっていきます。地方の疲弊の問題は、ほんとうに深刻になっていきます。

姜　この間は山梨県のほうで、リニアモーターカーを見て、さすがに私もびっくりしました。時速五〇〇キロメートルですから、もう一瞬のうちです。中央新幹線で大阪までが一時間一〇分だったかな、名古屋まで四〇分前後だったと思います。今、新幹線のぞみで行っても名古屋まで一時間数十分かかります。これが四〇分で済むのだから、時間は二分の一です。大阪までの開通は西暦で言うと二〇三七年でしたかね。当初二〇四五年だったのに国が三兆円の財投をJR東海に出した。本来は財投はどんどん縮減されていたはずです。ところが、国が三兆円を四〇年払いという破格の条件で出してくれたので前倒しになったわけです。

どうしてこういう話をするかというと、やはり最初の鉄道は国が中心になって作る。それではどこから原資を持ってきたかというと、侍と華族にいわば退職金みたいなものとして公債を発給したのですが、それを担保にして資本を作っている。それを積極的にやったのが岩倉具視《ともみ》で、それがやがて鉄道債みたいになっていった。石炭も、やっぱり国から払い下げを受ける。ですから、国策民営という言葉がぴったりかなと思います。

ちょっと気になったのは、東京、名古屋、大阪で日本のGDPの三分の一がそこに集中していることです。ここは絶対に赤字は出ない。そうすると、近代日本が目指した均衡ある国土の発展はどこに行ったんだろう。今、田中角栄を見直す気運がありますけども、少なくとも戦後、均衡ある国土の発展は国の施策の大前提だった。ところが、どうも実態は東京、名古屋、大阪、ここだけしっかりとグリップして、あとは自分たちでやりなさいというふうなことになっている。これはどうでしょう、一色さん。

一色　明治のころも人口調査をやっています。明治二九年まで、当時の府県で最も人口の多かったのはどこかというと、新潟なのです。新潟が一位で、一七〇万人ぐらいいました。明治二一年の調査のとき、東京は四位です。二位が兵庫だったかな。それで、明治二六年に東京が二位になって、明治三〇年の調査のときに東京がトップになりました。

当時は日本海側のほうが海外に向けて開かれていたのです。つまり明治のころは飛行機がないですから、ロシア、朝鮮半島、中国に対しては日本海側が窓口でした。海外との交易もあって、日本海側は非常に発達していて豊かだった。だから、太平洋側にこれだけ人口が集中してきたのは戦後のことなのです。

姜　もしリニアモーターカーが完成すると、結ばれる地域とそうでない他の地域との分極化が起きるのではないか。格差の問題で若者の保守化ということが言われているけれども、実態はパラサイトしているから可処分所得が比較的住宅に使える三分の二と、パラサイトできない三分の一で、若者も分断されていくのではないかと。

実はこれは若者だけではなくて日本の国土自体が三分の二と三分の一に分かれていくのではないか。JR東海は、完全に民営化されていて私企業です。その私企業に三兆円の財投を入れるということは、限りなく国策民営に近い。これは準国策的、あるいは準々国策的なんですね。それが日本の構造転換になっている。鉄道が明治期を大きく変えた。例えば、碓氷《うすい》峠に鉄道が敷かれて初めて長野の生糸が横浜まで行くようになった。これによって長野県は生糸の生産地として脚光を浴びていく。そういうことが全国で起きたわけですけど、鉄道は大きく何かをチェンジしていく可能性がある。それが今回のリニアモーターカーだとすると、それは日本の未来を暗示するだろうと思います。

一色　もっと悲観的なシナリオもたぶん出てくるでしょう。三分の二と三分の一が分断されると、三分の二というのはとても非効率になるわけです。財政的に言えばお金がかかる。限界集落を維持していくための道路も、いろいろな福祉も、非常にお金がかかる。そこで、すでに議論としては出ていますけど、地方から効率のいい都会への強制移住が実際に行われるようになるのではないでしょうか。

姜　我々のように地方都市から上がってきた人間からすると、何かやり切れない話ですね。日本の景観とか、ランドスケープを保存することは農業の重大な役割でもある。そこでちょっと不思議でしかたがないのは、日本にどうして戦前のような強い農本主義的な考え方が出てこないのか、思想として出てきても不思議ではないのではないかと私は前から思っています。

このままいけば明らかに日本の国土、人口、そして生活の態様、それから集中度、過疎化、これが限りなく進んでいく可能性があって、三分の一を維持するためにどうして自分たちの税金が使われなければいけないんだというクレームが出てくる、これはアメリカでも起きていることですけども、その可能性があります。

一色　新潟の東京電力柏崎刈羽《かしわざきかりわ》原発は首都圏に電気を送っています。新潟の人たちは東北電力の電気を使っていますので、自分たちの使わない電気を作っているという点では福島第一原発と同じ構図です。そこが、この二つの原発がほかの原発と違うところです。だから新潟の人たちは、再稼働に強く抵抗するのだと思います。事故が起きたら、「自分たちは電気を使っていないにもかかわらず被害だけ受ける」というわけです。どうして私たちが都会の犠牲にならないといけないのだという気持ちを感じます。

姜　おそらくそういう視点を地域エゴとして見る東京都民もいる。つまり、東京・首都圏が日本の生命線であると思っている人たちが、東京に電力が来ないなんていうのは地域エゴではないかと思ってしまう。そういう考え方がどうして成り立つのかということ自体もやっぱり考えなければいけないのかなという気はしています。

一色　確かに、あまり表には出さないけど心の中でそういう気持ちを持っている人は都会ではそれなりにいるような気もしますね。

姜　だから、沖縄で「基地はもう嫌です、辺野古も嫌です」と言っている人たちは地域エゴではないか、という人もいます。地域益と国益、こういう考え方が明治以来どのぐらい変わったんだろうかということもまた考えなければいけないテーマであると思います。

一色　結局格差ですよね。経済の格差であれ、地域の格差であれ、格差が戦後七〇年余りで相当広がってきている。特に後半の三〇年ぐらいですごく広がってきている。世界も同じ問題に悩んでいます。この格差の際限のない拡大がそのうち爆発して世界の混乱を招くという、そんな気がします。

【Q&A】

Q　かつては一億総中流と皮肉っぽく言っていたのに、今では格差が問題と言い出したり、ということから考えていくと、どうもその伝え方というのに問題があったのではないかと思うんですが。

一色　今、私たちの職業の人間の多くが悩ましい問題と思っている点です。ここ十数年、インターネットによる環境の激変があって、まさに情報の伝え方、伝わり方というのがこれでいいのかという思いは我々もすごくあります。新聞が絶対とは思いませんが、ただ、インターネットはやはり玉石混淆《こんこう》といいますか、いわゆる情報の海でおぼれる状態です。情報の価値や正確性を峻別《しゅんべつ》できなくて、間違った情報を信じ込んだり、重要でない情報をさも重要なように考えたりする。世界的にポピュリズムがかなり出てきているのは、私はSNSの普及によるメディアの変容もあると思います。どうしていけばいいのかといっても、なかなか妙案が浮かばないというのが正直なところです。

姜　かつては情報を発信する側と受け取る側の間に、必ず媒介者があったはずなんです。具体的に言えば、例えば物知りの先輩がいるとか、学校の先生がいるとか、あるいは親がいるとか。確かに「悪貨は良貨を駆逐する」とは、情報についてもまったく同じように言えると思いますが、それにどうやって歯どめをかけるか。メディアの伝達手段の発達そのものをとめることはできないので、ある情報が伝わるときに、その情報の真偽を媒介者が伝える、そういう作業が、たとえ規模は小さくてもできるのではないか。フェース・ツー・フェースの関係は規模としても小さくて無力に見えますが、意外と重要なのではないか。ですから、本当は大新聞社も、そういうメディアと個人の中間になる人、そういう人たちのための場をもっと積極的に作ったほうがいいのではないかと思います。今日のようなこういう場がとても重要だと私自身は思っています。

質問者　姜先生のお話で、軍艦島、原発、教育と続いて、制度のお話でリニアモーターカーが出てきました。その流れで言うと、私は戦争を連想してしまう。リニアモーターカーの技術が軍事に転用されないか心配です。

一色　リニアモーターカーについては、その心配は経緯から言ってないような気がします。それはどうしてかというと、ＪＲ東海が基本的に民間の資金でやろうとしています。ＪＲ東海は国を入れたくない、自分たちのお金でやるのだからいいでしょうというスタンスで一貫していました。ここにきて大阪まで延伸ということで国のお金もつけましょうとなっていますが、ＪＲ東海はあくまでビジネスということで、軍事技術までは視野に入っていません。

姜　その問題は、私も確定的なことは言えないんですが、ただ、今のこのグローバル化の中で、国がかつてのような重商主義的政策をとっていることは問題です。例えば超高速の鉄道網や、あるいは原発も含めてそういう重厚長大的なものを売りつけてもメンテナンスがたいへんなので、兵器産業につながるような企業はむしろ儲《もう》からないと言う人もいます。ただ、戦略的にそれが意味がある場合にはその限りではないと思います。

　問題は、それが果たして戦争に向かっているのかどうか。私はまだ断定的なことは言えないのですが、ただ、ちょっと一つ気になることは、最近の大学の中での、いわゆる民生部門と軍事部門との境界線をめぐって、日本学術会議や、あるいはさまざまな学者の団体の中で今いろいろな論争があります。工学系からすると民生部門と軍事部門の区別自体がナンセンスだと言う人もいます。実際にインターネットを含めて、民生部門と軍事部門とのある種のフュージョンが起きている。それから、アメリカの国防省関係や、あるいは日本の防衛省からの委託業務として大学の中に外部資金が入ってきているということは否めない。それは、即戦争に繋《つな》がるとは私は思いませんけれど、ただ、武器輸出三原則が防衛装備移転三原則にとって代わられた影響がだんだん出てきたなという感じは持っています。

当然日本の技術があればかなり先端的な兵器が作れると思います。潜在的な能力があり、だんだん垣根が失われつつある、しかし、それが戦争になるところまでいくかどうか、これは今後を見ないとわからないと、今のところは考えています。

いろいろ議論はあるでしょうけれど、私自身は、日本のよさは本田宗一郎が出たり、ソニーが出てきたり、そういう民生部門かつ非財閥系で世界に冠たるカンパニーが育ったということですから、これからもぜひともそうあってほしいなと思います。

第二回　何が失われたのか——近代の黄昏《たそがれ》に問いなおす

赤坂憲雄

なぜ、今、これほどに幸福から遠ざけられているのか。この寂しさの根は深い。幕末・明治に日本を訪れた異邦人たちは、幸福な日本人に出会った。格差が少なく、相互扶助に支えられ、一定の自治をもつ社会がそこにあった。異邦人の紀行に眼《め》を凝らしてみたい。

〔あかさか・のりお〕

民俗学者。学習院大学教授。福島県立博物館館長。一九五三年東京都生まれ。専門は東北文化論と日本思想史。「東北学」を掲げて、地域学の可能性を問いかけてきたが、東日本大震災を経て、被災地から東北学の第二ステージを探りはじめている。主な著書に、『異人論序説』（ちくま学芸文庫）、『子守り唄の誕生』『東北学／忘れられた東北』（いずれも講談社学術文庫）、『岡本太郎の見た日本』『性食考』（いずれも岩波書店）、『北のはやり歌』（筑摩選書）、『震災考』（藤原書店）、『司馬遼太郎　東北をゆく』（人文書院）ほか多数。

（講義日　二〇一六年一一月七日）

モデレーター／一色　清

【講演】

今、幸せですか

この「何が失われたのか――近代の黄昏に問いなおす」というテーマは、この五、六年ずっと持続的に考えてきたものです。今日は渡辺京二さんの『逝きし世の面影』（平凡社ライブラリー）をテクストに、お話をさせていただきます。

昨年（二〇一五年）、私の勤めている学習院大学で、一年間、この本をテクストにして講義をしました。その講義の起点に、ある問いを置いてみました。まず学生たちに、「君たちは今、幸せですか」という質問をしたのです。そんな質問をされて、普通は手を挙げませんけれどね。戸惑いを覚えた学生は多かったと思います。近年、日本では「幸福度調査」をいろいろな形でやっていますが、その数字が例外なしに非常に低い。どうして現代の日本人はこれほどに幸福感から隔てられているのか、そこから講義を始めたのです。

このテクストに出てくるのは、幕末から明治にかけて日本を訪れた、いわば異邦人たちです。彼らが残したたくさんの紀行とか日記のなかに描かれている日本人の姿を、丹念に掘り起こしてゆく。この本はまさに、その掘り起こしを徹底的に行なっているわけです。それを幾度となく読み返しました。そして、私自身の関心に引き寄せながら、この異邦人が描いた日本人の姿をどのように考えたらいいのか、というテーマで講義を組み立てていきました。

この本のなかでは、日本人は皆、幸福そうで陽気で、いつでも笑いこけていると繰り返し語られています。今から一五〇年ぐらい前に、それも幾人かの外国人だけが書き残しているのではなく、ほとんどの異邦人がそうした言葉を多かれ少なかれ書き残している。これはどういうことなんだろうか。そこには明治維新から一五〇年間を経て、日本社会がさまざまな側面で変容をこうむってきた、その変容以前が凝縮されて見いだされるのかもしれない。つまり一五〇年前に異邦人たちが残した日本紀行の群れは、近代の黄昏を生きている我々の姿を映し出す破れ鏡のようなものなのではないか、と考えてきたのです。

幸福で、満ち足りた、陽気な日本人

例えば、『逝きし世の面影』のなかには、長崎の町でオズボーンという人が書いた言葉が引かれています。「もっとも印象的なのは（略）男も女も子どもも、みんな幸せで満足そうに見えるということだった」と。あるいはオリファントという人の、こんな言葉が残されています。「個人が共同体のために犠牲になる日本で、各人がまったく幸福で満足しているように見えることは、驚くべき事実である」。あるいは、「日本人は私がこれまで会った中で、もっとも好感のもてる国民で、日本は貧しさや物乞いのまったくない唯一の国です」と。まさかと思いますよね。我々の知っている幕末の日本は、そんな貧しさや物乞いのまったくない唯一の国といった評価からは大きくはずれているのではないか。確かに貧しいのです。ところが、物乞いの姿を見ることはまれなのです。そして、日本人の衣服や小さな装飾といったものが優雅であると繰り返し語られています。多くの異邦人たちは、日本にやってくると、「気違いのようになって」小さなものを買いあさらずにはいられないというのです。小さなものの美しさに誰もが興奮しています。

あるいは、錠も鍵もない部屋に物を置いても盗まれることがないという。そもそも旅館なんて、鍵そのものがなかったわけです。イザベラ・バードというイギリス人女性が、東北から北海道へと三カ月間にわたって旅をしたときには、旅籠《はたご》に泊まっていると、隣りの部屋でどんちゃん騒ぎをしている。障子には、唾で穴をあけて、その穴ごとに眼がくっついているというように、プライバシーなどかけらもないのです。けれども、そういう状況でありながら、物が盗まれることはまったくなかった。今もそれに近い状況が残っていますね。さらに、女たちが口汚くののしり合う声を聞いたことがない、子どもが虐待されて泣いているなんてことを見たことがないともいう。そうした感想が繰り返し日記や紀行のなかに書き留められているのです。

また、「誰の顔にも陽気な性格の特徴である幸福感、満足感、そして機嫌のよさがありありと現われていて、その場所の雰囲気にぴったりと融けあう。彼らは何か目新しく素敵な眺めに出会うか、森や野原で物珍しいものを見つけてじっと感心して眺めている時以外は、絶えず喋《しゃべ》り続け、笑いこけている」と、ヘンリー・S・パーマーという人が書いています。これ、実は温泉地での見聞なのです。湯治に来ている人たちの姿なんですが、決して例外ではありません。たくさんの異邦人がいろいろな場所で、そうした日本人の姿を目撃しています。

ボーヴォワルという人は、「この民族は笑い上戸で心の底まで陽気である」と書いています。なにか違和感がありますよね。今、我々はそんなに陽気でしょうか。電車に乗っていると、みんな不機嫌そうです。「幸福ですか」と聞いたらきっと、皆さん「うーん」って首をひねるでしょうね。ところが、一五〇年前の日本人はみんな幸福そうに見えたのです。とにかく、誰も彼もが笑いこけていたのです。

格差の小さい社会

こうした異邦人の言葉はいたるところに転がっていて、誰かの例外的な発言ということは絶対にありません。だからむしろ、なぜそうだったのか、そのことをきちんと考えたほうがいいだろうというのが、著者の渡辺京二さんの立場です。彼らはほんとうに幸福で満足していたのではないか。その根拠がいくつか挙げられています。もっとも基本的な衣食住にかかわる民衆の生活は、それなりに豊かだったのではないか、とあります。

先取りして言うと、いわゆる格差がきわめて小さかったのです。朝食など、一汁一菜みたいな食事が当たり前で、タクアンとみそ汁しかない。でも、それは実は、大名でも将軍でも変わらないのです。中身は少しよくなっていると思いますけれども、現代だって大して変わりがない。ヨーロッパの王侯貴族やアジアの専制的な王たちの食事なんて見たことはありませんが、きっと豪華だろうと思います。ところが、日本では実は、下々の民から上は大名や将軍や天皇に至るまで、似たり寄ったりの食事をしていたらしい。外交官たちが、日本のたとえば江戸城に迎え入れられたときの見聞でも、そこで見かけた食生活は思いがけず質素で、城内の装飾などもまた渋いわけです。

渡辺さんはこう言われています。「幾世代にもわたる営々たる労働の成果を、現前する風景として沈澱させ集積せしめたひとつの文化の持続」というものがそこにはあった、と。つまり一朝一夕ででき上がったものではないのです。それは幾世代にもわたって積み重ねられてきた、その一つの帰結だったのです。ささやかな暮らしを労働のなかで積み重ね、沈潜させてきた。そのとても静かで穏やかな美しさが、どうも異邦人たちの関心を引いたのです。

そもそもこの時期に日本にやってきた異邦人たちは、外交官であり、軍人であり、宣教師であり、商人であり、いずれも世界各国を旅して見ている人たちです。その人たちが日本に来てびっくりした。それはアジア的な専制の下での、いわゆる東洋の壮麗さとか奢侈《しゃし》、贅沢《ぜいたく》といったものが日本にはなかったということでしょうか。ですから、チェンバレンはこう書いています。ここには「貧乏人は存在するが、貧困なるものは存在しない」と。これは、とても大事な言葉だと思います。貧困とは結局、相対的なものであり、途方もない豪勢な、贅沢な暮らしをしている人たちがいれば、相対的に、朝、タクアンとみそ汁で飯を食っている人たちは惨めな気持ちになるのかもしれませんが、かつての日本はそうではなかったのです。とにかく、思いがけず格差が少なかったということです。渡辺京二さんはこう言われています、「日本では貧は惨めな非人間形態をとらない、あるいは、日本では貧は人間らしい満ちたりた生活と両立する」と。

ある外国の軍人たちが移動の途中に、茶屋で休息を取ったときのことです。彼らがなにに感動したかというと、そこでお茶を出し、接待してくれた普通の娘さんたちが、実に見事な身のこなし方をしており、礼儀作法がきっちりできているということでした。とても優雅な身のこなし方が下層階級の女性たちのなかにも当たり前に見いだされるということに、彼らは驚いているのです。そのかたわらでは、人力車を引いていた全身入れ墨のおっかない男たちが昼の休憩をしている。それをちょっと覗《のぞ》くと、とても思慮深そうな顔をして将棋を指している。彼らはまたびっくりするわけです。つまり自分たちの国では、そういう下層階級の男たちが優雅な遊びをすることはあり得ないと思い、この人たちは一体何者なんだろうと考えるのです。我々には、それは当たり前のことであり、まず気がつくことはありません。ところが、ヨーロッパのような厳格な階級社会からやってきた人たちは、下層階級の娘たちや肉体労働者たちのそういう姿に心底驚かされているのです。

イザベラ・バードは東京から日光まで人力車に乗りました。そのとき、車夫はいかつい顔をした、入れ墨の男たちでしたが、日光に着いて、バードが契約したお金以上のものを渡そうとすると受け取らないのです。契約という観念がすでに、はっきりとある。そして、別れぎわに姿を消したと思ったら、野原で花を摘んできて、彼女に差し出すわけです。そういうことをイザベラ・バードは三カ月にわたって体験しましたから、日本人は好奇心むき出しではあるけれども、たいへん穏やかで暴力的なところがない人たちだということを知っている。貧困がとことん惨めな非人間的形態をとるということが、確かに、かつての日本の社会にはなかったのだと思います。

コモンズが開かれていた

渡辺京二さんは日本人の表情に浮かぶ幸福感について、「当時の日本が自然環境との交わり、人びと相互の交わりという点で自由と自立を保証する社会だったことに由来する」と言われます。そんなユートピアのような社会があったはずがないと、我々はずっと教えられてきたし、思い込んできました。あんなに一揆《いっき》や打ちこわしが頻発する社会というのは、人々が追いつめられていたからだろう、と。ところが、つい最近、岩手県の遠野で、おもしろい話を聞きました。どん底にいるときは一揆をやらないのだそうです。どん底から立ち直ってかなり力が蓄えられてきたときに、領主との条件闘争のために一揆をやる。ほんとうのどん底では絶対にやらない。なにか示唆的な気がします。

そして渡辺さんは、社会的なコモンズというものが全ての人々に開かれていたと言われるのです。コモンズとは共有地という意味の言葉ですけれども、もっと広い意味で使われています。人と人とを繋《つな》ぐ協同をめぐる多様なあり方を、私はコモンズと呼んでいます。今、とても注目されている言葉です。たとえば、英国公使ヒュー・フレイザーの妻メアリーがある漁村で観察したことです。漁船が港に入ってくる。たくさん魚が捕れたようだ。そのとき、港の市場ではこんな光景が見られたという。子どもだけではない、漁に出る男が家族のなかにいない後家さんたち、あるいは息子を亡くした老人たち、彼らが漁師たちの周りに集まってくる。みんな、小さな鉢やかごを持っていて、それを差し出すのです。そうすると漁師たちは、食用にすることはできるのに、市場に出すにはふさわしくないものを、子どもや未亡人や老人や、そういう人たちに次々に渡していく。そしてもう一つ、この人は書いています、「物乞いの人にたいしてけっしてひどい言葉が言われないことは、見ていて良いものです」と。その物乞いの人たちもまた、「砂丘の灰色の雑草のごとく貧しいとはいえ、絶望や汚穢《おわい》や不幸の様相はない」のです。

私が山形県の庄内のある漁村で聞いた話をしますね。かつては大いに栄えた、今も魚市場を持つ漁村です。船が漁を終えて帰ってくる。そうすると、漁師たちが魚を市場に運ぶわけですが、その途中、意図的に漁獲物の半分ぐらいを振り落として、あとで山分けにしたというのです。その残りを運んでいって船主に渡したらしい。そういうことは文献にはまったく出てきません。少なくとも私は読んだことがありません。どんなに漁師たちが船主や網元によって搾取されていたか、そういうイメージばかりが語られる。ところが、ある種の不文律だと思いますけれども、慣行として、漁師たちは自分たちの権利として、漁獲量の半分くらいを網から振り落として、自分たちのものにすることを認められていた。そのかたわらでは、貧しい人たちや働き手のいない家族たちが、かごや鉢を持って現われれば、分け与えることが当たり前に行なわれていたのだろうと思います。いわば物乞いは当然の権利であり、それを一方的に蔑むようなことは忌まれたのかもしれません。

近世の民衆といえば、幕藩体制下の圧政にあえぐ自由や自立などとは無縁な人々であったと、歴史学では常に語られてきたのではないですか。渡辺京二さんはそれに対して、決してそうではなかったと言われたのです。浜辺や海はみんなのもの、すなわちコモンズです。コモンズである海で捕れたものはみんなで分け合わねばならない、といった感覚が当たり前にあったのではないか。そんなことを聞いても、一体どこの文献にそんなことが書いてあるか、と反論がただちに起こることでしょう。歴史家たちはあくまで文献を根拠にして語りますから、近世の終わりに異邦人たちが見聞した不確かな情報から、日本社会のなかに社会的なコモンズがあったなんてことは、きっと認めないと思います。

この『逝きし世の面影』を繰り返し読み返しながら、もしかしたら近世の地域社会というのは、格差がきわめて少なく、しかも見えない相互扶助のシステムによって支えられていたのではないか、そういうことに気づかされました。我々の生きている時代の福祉とかとはまったく違う概念ではあるけれども、ある種の自治や自立といったものを背景とした相互扶助のシステムが存在したのかもしれません。そう考えることによって、逆にいろいろなものが見えてくる可能性があります。

小さな妖精たちのかわいい文明

下層階級に属する貧しい人々を含めて、日本人の誰もが幸福そうで陽気に見えたのです。それはけっして異邦人たちの誤解や妄想ではなく、おそらく根拠がありました。彼らはどれほど貧しくとも、自然との、社会との交わりに抱かれつつ生きていたのではないか。異邦人たちは、明治の世とともに失われていった古い日本があったと繰り返し語っています。その古い日本は死んでしまった。遠ざかった。ウォルター・ウェストンは、「昨日の日本がそうであったように、昔のように素朴で絵のように美しい国になることはけっしてあるまい」と書きました。また、「古い日本は妖精の棲《す》む小さくてかわいらしい不思議の国であった」と語った異邦人がいました。講義でそこに触れたとき、一人の女子学生が、それは日本人の背が低いことを念頭に置いた差別的言葉ではないかと指摘しました。そうかもしれません。でも小さくて、かわいらしくて、とても美しいものがあふれている社会というのは、けっして単なる妄想ではないと思います。今、日本が世界に向けて発信する文化に、かわいいとか、小さいとか、ファンタジックとか、そういう言葉がつきまとうのは、けっして現代のアニメ文化だけに限られたものではないと考えたほうがいいのではないか。

異邦人たちはなぜそこに感動を覚えたのか。近代の産業文明がまさに重厚長大型の文化、文明であるのに対して、日本で彼らが見たものは、きわめて成熟したもう一つの文明の形だったのだと思います。そこに小さい、かわいらしい、夢のようなといった形容詞がかぶせられていく。そこにはなにか将来への可能性が秘められているのではないか。たとえばいくらか唐突ですが、日本という自然風土はおそらく原子力発電といったものよりも、風や太陽の光や水や森と戯れるような自然エネルギーのほうが似合うし、そこにこそ無限の可能性が見いだされるに違いない、と私はひそかに想像しています。

つまり我々がたどりついた近代の黄昏のなかで、すでに人口もマックスを迎え、これから高齢化・少子化がものすごい勢いで進んでいきます。これまで明治以降の近代に追い求めてきた発展の形、とりわけ経済的な成長がむずかしくなる。我々はどこかで寂しい気持ちを拭うことができずにいる。成長から成熟へと転換せざるを得ないことははっきりしています。人口が一億三〇〇〇万人から五〇年後に八〇〇〇万人台に減少する。その人口の四五％程度が高齢者になるという予測が示されています。そんな社会が今の経済力や産業のシステムを維持できるはずがない。働く人たちは現在の半分以下になります。つまり、我々は成長から成熟への転換を避けがたいテーマとして背負わされているのです。ところが、今、日本という国家はそういう現実からは眼を背けて、原発に象徴されるような古い制度と、あたかも心中でもしたがっているかのように見えてしまう。成熟へのシナリオは出てこない。そのとき、一つの啓示のようなものとして、あの小さい、かわいらしい、夢のような文明を差別的な評価のままに捨て置くのではなく、劇的にプラスの側へとひっくり返すような試みが求められているのかもしれません。

明治の初めに日本列島の人口はおよそ三〇〇〇万人でした。ヨーロッパの先進国、イギリスやフランスなどもそうした人口水準でした。それから、日本は突出した人口増加を遂げてゆき、それが経済成長を支えたのです。昭和の戦争の時期には七〇〇〇万人台になり、二一世紀の初めには一億三〇〇〇万人近くまで増加して、今、急速に減少へと転じています。かつて人口が三〇〇〇万人だった時代には、人々は住む場所をどこに選んだか。少なくとも災害に遭いやすい、自然が牙をむいてくるような場所には住まなかったはずです。しかし、明治以降、人口が爆発的に増えていくと、国民に飯を食わせなければいけない、住宅も作らないといけないということで、ある意味ではしかたがなかったのかもしれませんが、開発至上の国策が進められてきたわけです。

私が震災後に津波の被災地で見たのは、人が住んではいけないところに多くの人々が住んでいたという厳粛な現実でした。何人もの人が語っていました、「ここは海だったんですよ」と。それを聞いたときには、ぞくぞくしましたね。元は海だったところが、津波に洗われて海に戻ってしまっただけなのかもしれない。それなのに、復興の名のもとに、ほんの偶然によってそこに設定されていただけの人と自然との境界が、守るべき自明のラインであるかのように見なされ、巨大なコンクリートの防潮堤を建てるという発想に呑《の》み込まれていった。近代以降、あまりに深く自然の懐に入り込んで暮らすようになっていたのです。東日本大震災は自然の側から発せられた警告だったのかもしれません。

今、そうした自然に対する敬虔《けいけん》さのようなものをもう一度取り戻すしかないし、渡辺さんが言われるように、格差の小さい、見えない相互扶助のシステムによって支えられる地域社会を構想していく必要があるのではないか。この『逝きし世の面影』は、ある種の思考実験として、我々に大切な手がかりを与えてくれていると思います。この本が我々に教えてくれるのは、そのとき・そこには、もう一つの成熟した社会があったということだろうと思っています。そうした社会的な成熟が持っていた意味合いを、どのように我々は受け留めなおすことができるのか。それを語ってみたい。

子どもの楽園

失われたもの、なによりも鮮やかに失われた風景があります。親と子どもの関係です。訪れた異邦人はみんな書いています。日本は子どもの楽園だ。日本人ほど子どもをかわいがる人たちに出会ったことがない。裸の子どもたちが群れをなして路上にあふれている。朝から晩まで転げ回っている。東京の町は、ほぼ完全に子どもたちのものだ。日本の子どもたちは、優しく控え目な振る舞いといい、品のいい広い袖とひらひらする着物といい、見る者を魅了する。手足は美しいし、黒い眼はビーズ玉のよう。そしてその眼で物おじもはにかみもせずに、あなたをじっと見つめる。ほんとうなんだろうか。そんな牧歌的なかわいらしい子どもたちがいたのだろうか。しかし、たくさんの異邦人が書いているのです。

おもしろいなと思うのは、子どもたちは路上を遊び場にしています。馬車がやってくる。人力車がやってくる。子どもたちはよけない。よけるのは馬車であり、馬なんです。「大人からだいじにされることに慣れている」。日本ほど子どもが、下層社会であっても、注意深く扱われている国は少ない。子どもたちは、ほかのどこの国よりも甘やかされている。子どもの天国だ。子どもはみんなにこにこしている。きっと幸福なんだろう。日本人が子どもを叱ったり罰したりする姿を見たことがない、といった記述がある。そう言えば、一六世紀半ばに日本にやってきた宣教師、ルイス・フロイスもこんなことを書いていました。「われわれの間では普通鞭《むち》で打って息子を懲罰する。日本ではそういうことは滅多におこなわれない。ただ言葉によって譴責《けんせき》するだけである」と。明治の初めにもそんな風景があったのでしょう。日本の子どもは泣かないというのが、日本にやってきた欧米人たちの定説だった。子どもが親の言いつけを聞かずに泣きわめくようなこともなかった。どんな子育てをしていたのか。ちゃんと観察しています。日本の親は子どもを放任しているわけではない。子どもは小さいときから礼儀作法を仕込まれる。「親の最大の関心は子どもの教育だった」といった具合いに。

イザベラ・バードは、子どもたちが大好きでした。確か青森県の碇ヶ関《いかりがせき》あたりだったと思いますが、バードは子どもたちが遊んでいるのを見かけると、近づいていって話をするんです。むろん通訳を介してですが。あるところで、持っていたお菓子を与えた。そうすると年かさの男の子がそのお菓子を受け取って、親の承諾をもらう。そうして許可を得ると、まず年下の子どもにお菓子を与えて、それから自分が食べたらしい。やはり、そういう光景は感動を与えるんですね。

もちろん、批判的な異邦人もいました。どういう批判かというと、子どもが春画や春本、それから性的な玩具類から隔離されていないということです。当たり前にそうしたものが転がっている。だから、実は純真そうな子どもたちが、大人たちの性の世界をごく間近に知っていたのです。いろり端でわい談すら聞いている。日本の古き文明のなかには、童心《わらべごころ》とか無邪気な子どもらしさといった観念は、どうやら存在しなかったのです。欧米的な、おそらく近代の強迫観念に基づく子どもらしさとか、純真な子どもとか、子どもの発見といったものはたぶん存在しなかったのでしょう。子どもたちは幼い子どもの時代から、あるときは大人顔負けの威厳と落ち着きを示すことがある。不断に大人たちに立ち交じって、そういう身の処し方を学んでいたのです。こういうことは文献には出てきません。しかし、けっして妄想ではなく、異邦人が観察した事実の一つではあるのだと思います。

凶暴な子どもはどこにも見られなかったし、子どもたちは大人の生活をミニチュアのように学んでいるのです。「日本人は確かに児童問題を解決している。日本の子供ほど行儀がよくて親切な子供はいない。また、日本人の母親ほど辛抱強く愛情に富み、子供につくす母親はいない」とモースはいう。モースの家には貧しい女性たちが仕えていた。その子どもたち、二人の女の子を連れて散歩をしたことがありました。一〇銭ずつお小遣いを与えました。モースが観察していると、その子たちは地面に座って悲しそうに三味線を弾いている女性の乞食《こじき》の前に置かれたザルのなかに、それぞれに一銭ずつ置きました。そんな「礼節と慈悲心あるかわいい子どもたち」の姿に、モースは喜びを覚えるのです。これは少なくともフィクションの類ではありません。

「この子たちを心から可愛《かわい》がり、この子たちをそのような子に育てた親たちがどこへ消えたのかと問う」必要があると渡辺京二さんは書いています。そうした子どもをかわいがるというのは一つの能力だ。それは個人が勝手に獲得する能力ではなくて、今は消え去った一つの文明が培った、万人が持っていた能力であるという。うまい言い方をしますね。子育てを母親に、家族に、あるいは学校の先生に押しつけてしまっている我々は、何かが見えなくなっているけれども、地域社会がみんなで子育てをしていたということでしょうか。限りなく示唆的だと思います。

とにかく何人もの人が書いています。これほど自分の子どもに喜びを覚える人々を見たことがない。子どもを抱いたり背負ったり、歩くときは手を取り、子どもの遊びを見つめている。時にはそれに加わる。そして粗末であるけれども新しいおもちゃを与える。小川遊びや祭りにも連れていく。子どもがいないと、大人たちは心から満足することがない。ほとんどそれは子ども崇拝の域に達しているといった言葉に、私は躓《つまず》きを強いられる気がするのです。こうした失われたものが、きっとたくさんあるのだと思います。

モノモライの話

乞食が日本社会にはいないということも、何人もの人たちが書いています。もちろん、乞食がいなかったわけではありません。ただ、横浜の港で船から降りた異邦人の周りに、裸同然の乞食たちが群がって手を出すといった光景はなかった、ということです。どういうことなのかと調べていくと、いろいろなことが見えてきます。

九州の山奥に椎葉村《しいばそん》という、柳田国男の『後狩詞記《のちのかりのことばのき》』以来よく知られた山村があります。その椎葉村の外れに位置する一軒の家を訪ねて聞き書きをさせてもらったことがあります。時の流れから置き去りにされたような暮らしの風景のなかで、聞きたかったことが一つありました。九州では乞食は「かんじん（勧進）さん」と呼ばれます。私は椎葉村のおじいちゃんに、「ここいらには、かんじんさんは来ますか」と質問したのです。すると、そのおじいちゃんはすぐに「来るよ」と答えました。そして、「かんじんさんが来たらどうされていますか」と尋ねると、こう言われました、「自分のところに食べるものがなくても、お金がなくても、必ずなにがしかの物をかんじんさんたちに渡す」と。ほかの土地でも、そうした乞食にまつわる質問を投げかけてきました。日本人のある種のモラルとして、乞食とか、ホイドとか、物もらいとかと呼ばれるような人たちに対する、ある定型的な態度があります。それは、物もらいの人が門《かど》に立ったら、自分のところに食べるものがなくてもなにかを与えよう、といったモラルだと思います。私の父親は福島の出身ですが、父の母親に当たる人もそうした乞食にやさしい人だったと聞いています。

柳田国男には、一九三五年に書かれた、「モノモライの話」という不思議なエッセーがあります（講談社学術文庫『食物と心臓』）。「モノモライ」とはもちろん、眼の縁にぽつりとできる腫れものです。その「モノモライ」を地域ごとにどう呼んでいるのかを、柳田は調べました。そうすると、「メコジキ」「メボイト」と呼ぶ地域がありました。この「ホイト」という言葉も乞食を指す方言です。日本の、少なくとも半分の地方にはこういう言葉が見いだされました。これらはみな、物もらいとか乞食を意味する言葉にかかわりが深いようです。そうして、眼の縁にできた小さな腫れものをそうした名前で呼ぶことには、どんな意味があるのでしょうか。

眼のできものを「モノモライ」と呼んだ起こりは、この眼の小さな病を治す手段として、ひとの家の物をもらって食べる習慣が隠されているのではないか、と柳田は考えました。三軒の家から食べ物をもらって食べると「モノモライ」が治る、という。あるいは神奈川県の津久井地方では、「七軒乞食」はいわゆる「モノモライ」の別名であって、七軒の家から麦の粉をもらってきて焼き物にして食うと、まぶたの腫れものが治るという。長野の下伊那《しもいな》地方では、橋を渡らずに七軒の家の米をもらい集めて、それを炊いて食うと「メコンジキ」が治るといわれる。橋を渡らないというのはほかの地方にもあります。つまり橋を渡って別の集落に行くのではなく、その集落の中で、それも一軒の家ではなく七軒の家から米をもらい集めるのです。これは一体なにを意味しているのか。柳田はこう書いていました、「これがおそらくは前代の乞食原理であって、もとは単なる飢餓対策でなかったことは、まだいろいろの方面から証明しえられるように私は思っている」と。

見えない相互扶助のシステム

つまり、渡辺京二さんの言葉に従えば、日本社会には見えない相互扶助のシステムがあったということなのです。それがどんなものであったのか。「七軒乞食」という呼称に明らかなように、七軒の家に施しを求めて訪ねていくことに大きな意味が見いだされています。そういう思想がどうやらあったらしい。つまり、一軒の家から施しを受けて暮らしていたら、その家に従属せざるを得ません。その家の人が気まぐれを起こして、「もうお前は汚らしいから来るな」などと言われたら、たちまち追いつめられる。運命が暗転する。ところが、七軒の家を渡り歩いて施しを受けている限り、どこかの家に従属することが避けられる。特定の家に従属することなく、共同体の全体から扶養されるような形になります。それこそが物乞いによって命を繋がざるを得ない人々が、身を守るために選んでいた原則だったのかもしれない。

同じ「乞食」という漢字を書いて、もう一つの読み方に「こつじき」があります。こつじきというのは仏教の僧侶たちが修行として托鉢《たくはつ》にまわることです。ラオスに調査で滞在していたときに、朝になるとお寺から修行をしている一〇代の少年たちが、お椀《わん》のようなものを持って町中を歩く姿に出会いました。一軒の家からたくさんもらってはいけない。たくさんの家々から少しずつもらうことが大切なんです。だから共同体であったり、町であったり、都市であったり、その全体から扶養される形が大切なのです。中世史家の網野善彦さんの言葉で言えば、「無主無縁」の存在であり続けるためにこそ七軒の家からの施しを必要としたということです。七とはたくさんのという意味です。仏教の僧侶であれば、修行としてたくさんの人たちから、たくさんの家々から施しを受けるということが大事な規則だったのです。四国遍路においても、一人前の遍路はたくさんの家をめぐり歩いて少しずつ施しを受けるものだと言われていたようです。

そうしたいくらか牧歌的な話とは異なり、中世あたりには、村々には村抱えの乞食が飼われていたらしい。例えばよその村と争いが起こって、よその村の誰かを殺してしまったときなどに、こちらから犯人を差し出さなくてはいけないのですが、そのときに乞食を身代わりとして差し出すといった習俗があったのです。『御伽草子《おとぎぞうし》』の「物くさ太郎」などは、そうした村抱えの乞食であったと言われています。残酷さと背中合わせの話ですね。けれども、乞食という存在が、そういう制度によって命を長らえることを許され、支えられていたという側面まで否定することはできないだろうと思います。

つまり、乞食という存在が、社会から単に脱落するというのではなくて、脱落したとしてもそこでまたすくい取る仕掛けが、見えにくいのですが、どうも作られていたのではないか。いわば、見えない相互扶助のシステムがあったのではないか。そして、それは格差の少ない社会にも繋がっています。どのようにそれを再評価することができるのか。これから我々が生きていく社会、将来の社会をどのようにデザインするのか。そこには大切な考え方のヒントが隠されているような気がします。

柳田の言葉です。「多くの人の身のうちに、食物によって不可分の鏈鎖《れんさ》を作るということが、人間の社交の最も原始的な方式であったとともに、人はこれによりてたがいに心丈夫になり、孤立の生活においては免れ難い不安を、容易に除きうるという自信を得たのである」(「モノモライの話」)。食べ物によって命の連鎖を作っていく。それが物もらいであり、乞食であるということです。

唐突に聞こえたかと思いますけれども、我々の社会のこれからの成熟といったことを考えていくときに、渡辺京二さんが掘り起こした幕末・明治の日本社会の姿、そこに生きていた日本人たちの姿が気に懸かるのです。なぜ彼らは幸福そうで、満足そうで、笑い転げていたのか。そこからもう一度、我々自身の文化や文明のあり方というものを問い直すことができるのかもしれない、と私自身は考えています。どうもありがとうございました。

【対談】

一色　赤坂先生、ありがとうございました。ふだんニュースを追いかけるのに精いっぱいなので、赤坂先生のお話のようなスパンの長い、しかもふだん聞くことのない民俗学的なお話は非常に新鮮でした。私も幕末から明治にかけて日本にやってきた異邦人の書いたものを読んだことがあるのですが、確かに、当時の日本人のことを、助け合っているとか、品格があるとか、秩序立っているとか書いていて、読んでいてなにか少し嬉《うれ》しくなってしまうようなところがあります。

赤坂　今、ちまたでは「日本すごい」とか、そういう日本礼賛があふれているではないですか。そういうのを見ると、日本人は寂しいんだよなと思ってしまいます。寂しさをうまく自覚できない。そこから逃げたい。渡辺京二さんは、今の日本を礼賛しているわけではありません。これはあくまで、一五〇〇年前にはあったけれどもいつしか失われてしまったものだよと言われています。つまり、今の日本が美しいとかすごいなんて言っていないのです。失われたもう一つの成熟社会のあり方を再考してみようという呼びかけのような気がしています。今の若い学生たちが後期高齢者になるころには、老人ばかりで、働く人なんて半分以下で、現在のような経済力など維持できるはずがない。だからこそ、そのなかでどういうふうに自分たちの社会をデザインし直すことができるのかという問いかけを、『逝きし世の面影』を仲立ちとしてしてみたいと考えてきました。

一色　私が読んだ本の中に、幕末から明治の初めぐらいにかけての日本人の知的好奇心は非常に旺盛で、本屋がたくさんあったと書いてありました。ニュースについても関心が高くて、いわゆる瓦版的なものをみんなが関心を持って読んだり聞いたりしていたとありました。

赤坂　イザベラ・バードは、日光の近くの村を歩いていたときに、中年の男が裸で縁側に寝そべって、眼鏡をかけて本を読んでいる姿を見て、びっくり仰天しています。日本ではどこの村にも図書館があるという言い方をしている。たぶん、貸し本屋さんでしょう。そういうものがごく身近にあったということは確実だと思います。最近、こんな話を聞きました。算額といって、数学の問題を作って額にして寺社に奉納すると、そこにマニアックな人たちが集まってきて、その問題を解き合う。そういう遊びが、かなり広がっていたのです。仙台あたりでは、そこに女性たちもたくさん参加していたらしい。そういう数学の遊びに夢中になるような知的好奇心みたいなものが、どうも当たり前にあったらしいと思うと、なにか楽しくなりますよね。

一色　人口のお話もありました。江戸時代の日本の人口は大体三〇〇〇万人ぐらいでずっと続いています。これも安定した社会の一つの基盤だったのかもしれませんね。

赤坂　バースコントロールをかなりきちんとしていたようですね。生まれてきた子どもを子返し、つまりあの世に返してやると称して間引きをするといったことは当然たくさん行なわれていた。村を訪ねるとよく聞かされるのは、「この村は二三戸村だ」といった言葉です。つまり子どもがどんなに多くできても、分家させない。二三戸の家が、村の背後にある自然生態系を入会地としてみんなで活用するわけですけれども、あとから入ってきた家には絶対そういう権利は与えません。ですから、村の自然生態系・環境が支えてくれる人口みたいなものをきっちり経験則で計算していて、それ以上になることは許さない、それが三〇〇〇万の人口を維持する背景にあったのかなと思います。

一色　赤坂先生は、福島の問題に震災以後ずっとかかわっておられます。原発について言えば、原発にノーという声が、時を経るにつれてだんだんなくなってくるかと思えば逆なんですよね。原発に対するノーがまったく減らない、今でも世論調査をやると再稼働に反対のほうがずっと多いという状況です。これは一つには、原発がないと今の日本は電力不足でやっていけないようなことを事故の後、しばらく言っていたのですが、今、再稼働を二基ほどやっていますが、ほとんど原発なしで四年ぐらいの期間、電力が足りないということはまったくなかったわけです。また、廃炉の費用は二二兆円ぐらいかかるのではないかと言われている。この二つが、多くの人たちの原発に対する考え方をクリアにしているのではないかという気がします。もちろん自然エネルギーだけで代替はできないんですけれども、考え方としては、私も自然エネルギーの方向に持っていく努力というのをもっと力を込めてやらないといけないと思うんですが、どんなふうに赤坂先生は見ておられますか。

赤坂　私は福島をフィールドに歩いていますので、原発との共存は絶対に無理だと震災のあとに感じた、その確信はまったく変わりません。こんなに狭い災害の多い国土で原発は無理です。風土に反するとはっきり思いますね。自然エネルギーに、ずいぶんかかわって、いろいろなことが自分なりに見えてきた気がします。

ほんの数カ月のことですが、政府の復興構想会議の委員をやっていたので、いろいろなところに呼ばれて講演しました。もう二度とないと思いますが、経済界の人たちの前で話をする機会が何度もありました。おもしろい感想がいつも返ってきましたね。「先生のお話には一度も数字が出てきませんでした。まさに詩でございますね」と褒めて、いや皮肉っていただいた。もう一つは、「あなたが再生可能エネルギーとおっしゃっている気持ちはわかるんだけれども、再エネは雇用を生みませんから」と、どこぞの大企業の社長さんに憐れむように言われました。

私はそれにずっと引っかかってきました。再エネにかかわるなかで、会津電力という地域電力の立ち上げにも参加しています。まだ始まったばかりですけれども、雇用がすでに二〇人ぐらい生まれています。若者たちが入ってきて、希望を持って働き始めています。それでわかりました。つまり社長さんが、「再エネは雇用を生みません」と言ったのは、どれだけ雇用を生まずに利益を溜《た》め込むかということを第一義とするビジネスモデルを前提としているからです。だから雇用が生まれないのではなく、雇用を可能な限り生まない選択をしているのです。しかし、会津電力がやっていることは真逆なんです。つまり、誰かがそこで生まれた利益を独占的に抱え込むとかではなくて、徹底してシェアをするという思想で動いているのです。そうすると、安い給料かもしれないけれども、二〇人ぐらいの若い人たちの雇用がすぐに生まれる。わずかに生まれた利益もまた地域に還元していこうとしています。最近はブドウを育てて、ワインを作ろうとか、あくまで地場産業の育成に繋がるような動きが求められているわけです。再エネを手がかりとして、地域の自治と自立をあらたに立ち上げようとしている。そういうふうに発想を変えるだけで、まったく異なった風景が生まれています。いろいろなアンシャンレジームのウソが見えてくるという体験をしていますね。

一色　そうですね。私も会津電力に知っている人がいるんですけれども、水力発電なんかも買い戻そうという話もあるそうですね。

赤坂　只見川《ただみがわ》ダムを地域に取り戻す。

一色　そういうおもしろい試みがいっぱいあると思います。

東日本大震災のとき、やはり直後に東北の方々が非常に秩序立って行動をした。盗みとかも当時はほとんどなくて、食べ物を分け合って、譲り合ったということが称賛された記憶がありますが、今のお話を聞いていると、かつての日本の風景と、同じような光景が震災のときに現出したのではないかなと思いました。あれは東北だからでしょうか、それともああいうときになると日本人の本性が出てくるんでしょうか。

赤坂　盗みもありました。ただ、それを止めようとする力も働いていた。だから美しい物語に仕立て上げる必要はないと思いますが、『逝きし世の面影』に描かれたような日本人の姿というのはまだ残っている気もします。たくさんの人たちにいろいろなことを聞きました。救援物資として配られたおにぎりは、子どもや女性や老人からまず取るようにして、自分は水だけ飲んでいた男たちの話も聞きました。そういう日本人の姿が、これからの時代にどこまであり得るのか。ちょっと不安な気がします。今の日本ではものすごく格差が広がっているし、セーフティネットもどんどん壊している。生活保護なんて当然の権利なのに、追いつめていく。この日本という国はなにか負のらせん階段をおりていっているような気がします。これまでは災害時の犯罪は、阪神・淡路大震災でも、少しはありましたけれども、かなり抑えられた。東日本大震災でも抑えられた。しかし、我々日本人が問われるのはこれからだと思います。たとえば熊本地震でもヘイトスピーチがネット上に飛び交ったではないですか。そういうデマをおもしろがって飛ばす人たちがいて、それが現実に暴力行為に繋がってしまったら取り返しがつかないことになる。少なくとも東北では、それだけは一件もなかったということは確認できています。

【Q&A】

Q　幸せだと答えられないという人たちの気持ちの背景には何があるのでしょう。

赤坂　幸せだと答えないのは日本人がシャイだからなのかもしれませんが、人前に出ない形でのアンケート調査でも、「幸せです」と答える人の率は低い数字が出ています。同時に、「弱者に対して社会的にきちんとサポートするべきですか」という問いに対しては、日本人のなかでは「サポートする必要がない」と答える割合が多い。三〇%前後います。たとえばお隣りの中国ではそれは七~八%なんです。ほかの国々と比べても、日本は異常に高い数値が出ている。どうもなにか我々の社会そのものが、基底から壊れ始めているのではないかと感じてしまう。ついこの間まで、我々のなかには社会的な弱者に対してはきちんとフォローするというのが当たり前の倫理として、モラルとしてあったような気がします。戦後社会というのは、そういうモラルをとても大事にして、みんなで助け合ってきた側面もあるだろうに、それを捨てて、「弱者は自己責任」なんて言われると、それはないだろうと思うし、そういう空気感が、我々の幸福感みたいなものに影を落としているのだと思います。

Q　最近、自助・共助といわれていますが、みんなで助け合いましょうという相互扶助と、行政から言ってくる自助・共助とは、全然異質なものに感じます。

赤坂　そうですね。なんでもお金に換算してしまう社会というのが、人が人を助けるということに対しても、影を落としているような気がします。だから自助とか共助とかいろいろな言い方をして、うまく誘導しようとしていますが、そんなに簡単にだまされませんよね。結局、予算を削っておいて、自分たちで助け合えみたいな話です。そんなことにつき合っていたらむちゃくちゃになってしまう。

津波の被災地を歩いていて、なにか大きな変革ができるのではないかと思って一生懸命やったけれども、なに一つできなかったと感じている若い人たちが、小さいことからできるだけのことをやるしかないんだと覚悟を決めた。そんな若者の一人が「海ってみんなの海なんですよ」と語るのを聞いたときに、なにかが始まる予感を感じました。コモンズなんです。つまり海というコモンズから得られるものは、誰かが独占して抱え込むのではなくて、そこにかかわる人たちがみんなでシェアをするという思想、そういうところに転換していったときには、相互扶助ということが大きく変わっていく可能性がある。これはかつてあったもう一つの成熟した社会の原理です。でも、それは単なる過去ではなくて、学び直すことによって、今我々が生きているこの社会のなかに十分蘇《よみがえ》らせることができる。実際にそれをひとつひとつやっていくしかない。そうすると風景が変わる。自助とか共助とか、おいしそうな言葉にだまされていると、結局また捨てられる。そんなことを感じています。

Q　子育て中なので、先ほどの子どもの話、子育ての話を興味深くうかがいました。子どものために何ができるのか、先生のご意見を。

赤坂　私はもう子育ては終わっていて、今、娘が子どもを産んで育てているのを、すぐそばで眺めています。かわいいですね、ほんとうに。私が福島を歩きながら思ったのは、我々はなにができるのか、なにをなすべきなのか。たった一つのことしかないのではないかと思いました。この子どもたちのために、未来の子どもたちのために、どのような日本を残すことができるのか。それを考えればいいのではないか。それ以外のことはもういいよという気持ちになったことがありました。考え方の基本としては、我々自身のしがらみや利権みたいなものを守るためにという発想を捨てることからしか、次の社会のデザインができない。それが子育てとどう繋がるのかわかりませんけれども、未来の子どもたちのためになにができるのかをみんなで考えましょう。もうそれしか言いたいことはありません。

一色　今日のお話は、結局、幸福とは何かというお話になっていたと思います。幸福には指標がないので、経済成長を求めて政治をやる。だけどほんとうは幸福を求めないといけない。一人一人もそうなんですけれども、幸福を求める、そのことを忘れないようにしておかないと、おかしなことになっていく。豊かなんだけど不幸になるみたいな、そういう社会が十分あり得る。

だから、幸福を求めて生きていこうよということを政府も私たち自身も肝に銘じたい。そうすれば少しはよくなるのではないかなと思っております。

赤坂先生、今日はありがとうございました。

第三回　沈潜し、再浮上する財政の歴史から「いま」を読み解く

井手英策

過去の体験や記憶が数十年の時を隔てて蘇《よみがえ》る——このことが大きく時代や状況を動かし、震撼《しんかん》させるということを、明治以来の財政の歴史をひもときながら考えてみたいと思います。

〔いで・えいさく〕

財政社会学者。慶應義塾大学経済学部教授。朝日新聞論壇委員。一九七二年福岡県生まれ。専門は財政社会学。二〇〇〇年に東京大学大学院経済学研究科博士課程を単位取得退学し、日本銀行金融研究所に勤務。その後、東北学院大学、横浜国立大学を経て現職。著書に『経済の時代の終焉』（岩波書店、二〇一五年度大佛次郎論壇賞受賞）、『18歳からの格差論』（東洋経済新報社）、『分断社会を終わらせる』（共著、筑摩書房）などがある。

（講義日　二〇一六年一一月七日）

【講演】

日本財政の三〇年周期

今回の講義のタイトル「沈潜し、再浮上する財政の歴史から『いま』を読み解く」は僕が自分でつけたものですが、我ながら、なかなかうまいタイトルだと思ってるんです。

日本の財政の歴史を見ていくと、まず一九〇四年に日露戦争、その約三〇年後に昭和恐慌とそこからの脱出、さらに約三〇年経《た》った一九六六年、財政法が一九四七年に定められて以降原則として発行されることがなかった国債が初めて発行され、さらに一九九七年にアジア通貨危機と大手金融機関の破綻が起こる……つまり、ほぼ三〇年周期で経済の危機が到来し、財政のあり方が大きく変わっていくという流れがあることに気がつきます。

一九九八年から三〇年後は二〇二八年、東京オリンピックが終わって約一〇年です。オリンピックまでは、なんとなく浮かれながら公共事業を盛大に進めていくのでしょうが、そろそろ、それではもうやっていけないということになっていくのではないかと思います。つまり、オリンピックから一〇年後はこれまでの財政のあり方が変化していく節目の時期になる、僕はそうにらんでいます。

高橋是清《これきよ》という伝説

さて、今日の「物語」の前半の中心は高橋是清という人物です。

「高橋財政」と言われる大胆な財政政策が有名で、昭和恐慌に苦しむ日本経済を見事に立ち直らせた伝説の人物。一般的には、そんなイメージを持たれているのではないでしょうか。

彼の物語は、日本の財政の最初の節目となる一九〇四年の外債募集の成功から始まります。ロシアと戦うために、日本は戦争に必要な資材や兵器を輸入するために大量の外貨を調達しなければなりませんでした。もちろん当時の日本にはそれだけの外貨などありません。高橋は外国で資金調達すべくロンドンに渡り、見事、成功をおさめるわけです。

高橋がこの外債の募集に失敗していたら、日本は日露戦争を戦えなかったでしょう。彼のおかげで戦争に勝ったようなものですから、高橋は山県有朋《やまがた》や西園寺公望《きんもち》といった当時の重臣や元老たちに非常に愛され、大蔵大臣、やがて総理大臣になるというキャリアを積んでいきます。

最初に申し上げたとおり、一九〇四年の約三〇年後に第二の節目である昭和恐慌とそれからの脱出に向けた苦闘が始まります。

このとき、「高橋財政」で行われたことの一つは金本位制度から管理通貨制度への転換です。金の保有高によって発行できる通貨量が決められていた金本位制を停止し、今と同じように政府が好きなだけお金を発行できる仕組みに変えたのです。

二つめは、国債の日銀引受による財政規模の拡大です。これにより、前年度の予算より三割以上も規模を大きくし、時局匡救《きょうきゅう》事業と名づけられた大規模な公共事業を通して、思い切った景気刺激策が行われました。

高橋がすごかったのは、それだけではありません。景気が回復した後は、借金財政を立て直すために国債の発行を減らしていく国債漸減政策をとり、またもや見事に財政を健全化するのです。

「高橋財政」のおかげで、日本は世界に先駆けて大恐慌から脱出し、財政の健全化に成功します。ルーズベルト大統領が行ったニューディール政策ではなく、「高橋財政」こそが世界で最も早く行われたケインズ政策だったのでした。歴史家に言わせると、高橋は「ケインズ知らずのケインジアン」でした。つまりケインズを読んでいなくてもケインズがまさに理想としたような政策を行った人物として評価されたのです。

景気回復を見届けた高橋は一九三四年七月に蔵相から退きますが、後継の藤井真信《さだのぶ》大臣が病気辞職したのを受け、一一月に大蔵大臣に復帰することになります。そして、「歴史的」とさえ言われる一九三六年度の予算編成会議が行われるのです。

当時の内閣の閣議では、陸軍大臣や海軍大臣を前に、軍部の威圧感に抗して議論を進めるのは非常に困難でした。ところが高橋は軍部を相手に一歩も退《ひ》かず、「予算も国民の所得に応じたものを作らねばならぬ」、つまり軍部の求めに応じていくらでも軍事費を出すというわけにはいかない、と主張します。そしてこう軍部を突き放したのです。「国内の状態を見ると、打ち続く天災によって国民は甚だしく痛めつけられている。社会政策上考慮すべき点は多々ある。軍部もこの点は余程よく考えて貰《もら》わねばいかぬ。自分はなけなしの金を無理算段して陸海軍に各一〇〇〇万円の復活を認めた。これ以上は到底出せぬ」と。

これが翌日の新聞の見出しに「蔵相、軍部をたしなむ」と躍りました。軍部、特に陸軍の怒りを買ったことは言うまでもありません。

高橋是清は二・二六事件で惨殺されます。そして、高橋是清は命をかけて軍部と闘った「健全財政の守護者」とされ、神様のような存在として大蔵省（現・財務省）の中に、私たちの記憶の中にその名が刻み込まれることとなったのでした。

「健全財政の守護者」に異議あり

しかし僕は「健全財政の守護者」という高橋の評価に疑問を持っています。

高橋が行った金本位制度から管理通貨制度への転換は、財政の舵取《かじと》りを間違えれば、たいへんなインフレーションを引き起こす可能性を持つものです。それで高橋は「これ以上お金をばらまくとインフレになるから、インフレがおきない程度に財政規模を小さくしましょう、だからその範囲内でしか軍事費は認めません」と「悪性インフレ論」を盾にして軍部からの財政圧力を退ける戦略をとりました。

確かに予算総額を抑えることはできました。ですが、「高橋財政」は、予算の「中身」よりも「総額」を重視するという日本の予算の作られ方の始まりでもありました。これが今日の話の一つめのポイントになります。

二・二六事件直前に高橋が作った予算の配分をみると、軍事費が全体の約半分を占めており、とてもまともな予算とは言えません。また、当時の税収の七割にも達する巨額の軍事費を将来負担というかたちで認めてしまったことも「とにかく予算総額をコントロールする」という姿勢の表れだとしか思えません。

僕はこういうやり方を「総額重視型予算」と呼んでいます。つまり「中身」はどうでもよくて、「総額」をどうやって押さえ込むかということを最優先する予算です。高橋だけならまだしも、戦争中も戦後の占領期も政府・財政当局の頭に常にあったのは、この予算総額をコントロールするという発想でした。なぜなら、戦時期、占領期の最大の課題はインフレを抑えることにあったからです。

これはゆゆしき問題です。財政学では財政民主主義という言葉を大事にします。国民のニーズに沿って予算の配分を決めるのが「財政民主主義」ですが、それと正反対の方向が生み出されたのです。このことについては、後ほど詳しくお話ししていきたいと思います。

よみがえる是清

第六七代総理大臣の福田赳夫《たけお》は、高橋が一九三六年度予算編成会議で軍部の要求を退けたとき、陸軍省担当主計官を務めていました。

当時の記憶を、福田は『回顧九十年』（岩波書店）という回顧録の中で次のように語っています。

「大臣以下われわれが大蔵大臣官邸に引き揚げた時には、大蔵省詰めの新聞記者諸君が官邸前に多数出迎えて、『万歳、万歳』と励ましてくれたことを、今でも鮮明に記憶している」

大きな感動が伝わってきますね。彼はこの日の出来事を神様のような高橋是清の記憶として心に刻み込んだことでしょう。

実は福田は、一九〇四年の日露戦争、一九三〇年～三一年の昭和恐慌に続く日本財政の節目となる、一九六六年に国債発行を再開したときの大蔵大臣でもありました。

当時は、証券不況が起こって山一證券が経営危機に陥り、山陽特殊製鋼が倒産するなど、高度経済成長時代が終焉《しゅうえん》を迎えたと思われるような経済的停滞の時代でした。打開策として、ずっとストップしていた国債の発行を一九六五年度の補正予算で再開するということになったわけですが、福田はこのときの経験を安藤博の『責任と限界（下）』（金融財政事情研究会）という本の中で高橋の記憶とともに振り返っています。

「国債にはずいぶん心配しました。（中略）私がこの問題を考えるとき、いつも念頭においているのは高橋是清蔵相のことです。（中略）『時局匡救公債』を発行されて経済再建に努められた高橋さんは、同時に公債については『厳しい節度』を強調され、漸減方針を堅持されようとしました。（中略）私は、四〇年度に国債発行して以後、この漸減方針を守っていきました」

『回顧九十年』でも、高橋の記憶を詳細にたどったあとで、「正しく高橋是清、福田赳夫の考え方でやっていけば、国力増進に大きな役割を果たす」と自ら豪語しています。確かに、国債発行の再開は「いざなぎ景気」と呼ばれる当時戦後最長の好景気をもたらしました。

しかも、一九六七年度予算を頂点にして国債の発行額はぐっと減っていった。元大蔵事務次官の吉國二郎は「ケインズ理論を地でいったような財政運営」と福田を絶賛しましたが、まず景気が悪いときに景気をよくし、景気がよくなったら財政の健全化を目指し、それを実現したという自負が、「自分は高橋是清に並んだ」と福田に思わせたのでしょう。

しかし、歴史はこれで終わりません。彼は本当に高橋是清と並び称されるような財政家として財政をコントロールできたのか、検証してみましょう。

迷走をはじめた一九七〇年代

一九七〇年代に入り、ニクソンショックやオイルショックなどによって物価が急上昇する中、第二次田中角栄内閣が発足し、再び福田赳夫が蔵相に起用されます。

旧大蔵省の内部資料によれば、このとき、田中角栄は「経済問題については一言も物を言わない（ので、もう一回お願いします）」と福田に頭を下げて蔵相就任を要請しています。

福田のミッションは物価の抑制です。しかし、田中は「物価上昇で苦しむ納税者に対し所得税の二兆円減税を行って景気を刺激したい」と言い出します。つまり、福田の意図とは正反対の経済効果を持つ政策を同時に行うと主張したのです。

もちろん、福田はこの減税を嫌がります。当時の状況によほどストレスがたまったのか、田中は顔面神経痛で入院してしまうのですが、その田中は見舞いに訪れた福田に「確かに私はあなたに大蔵大臣になっていただくときに、予算の問題、経済の大問題を全部あなたに任すと言った、しかし、これ（二兆円減税）だけは譲れない」と言い放ちます。つまり「経済問題については一言も物を言わない」という約束を反故《ほご》にしたのです。

では、田中が悪かったのでしょうか。実は福田が田中の病室に入る直前、大蔵省の高木文雄主税局長が福田に向かって「田中さんは大蔵省の先輩ではないけれど、税についてはやっぱり商売を通じて非常に詳しいものだから、失礼だけど税のことは田中さんの方が身についていると、これは非常に立派なものだと言ったらわかるでしょう」と話し、これに同意していました。福田は健全財政の守護者としてがんばろうとしたわけですが、田中や大蔵官僚に口説かれて、この二兆円減税をのんでいたのです。政治の限界が垣間見《かいまみ》えます。

この減税は大きな仇《あだ》となりました。一九七四年度、一九七五年度決算では税収の不足で大規模な歳入欠陥が発生してしまうのです。その穴埋めとして一九七五年度から赤字国債の大量発行が始まり、国債への依存度が急上昇していくことになります。

福田財政の帰結

その後、三木武夫政権を経て、一九七六年、福田赳夫が総理大臣に就任します。福田は非常に人気のない総理大臣でした。戦後の歴史上、内閣発足時の内閣支持率が一番低いのは宇野宗佑、二番目に低いのは小渕恵三ですが、三番目に低いのが福田です。宇野、小渕内閣の発足は福田の時代の後ですから、福田が政権をとったとき、彼は総理として戦後最低の支持率だったということになります。

なんとか人気を取りたいということで、「世界の福田」というキャッチフレーズを自ら使い、福田は「実質七％成長」という国際公約を掲げて、「世界の経済を我々が引っ張る」というメ

図1　国債発行額、国債依存度の推移

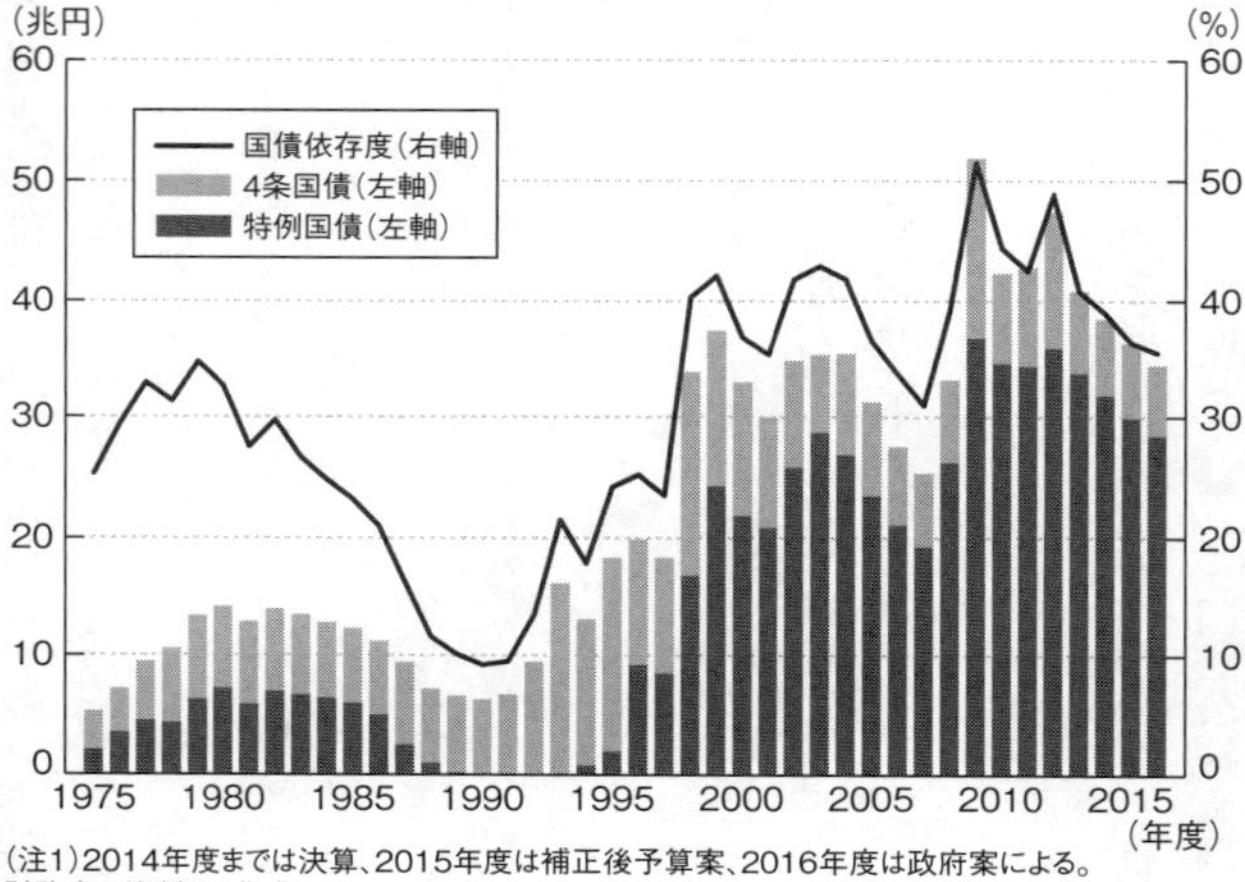

(注1)2014年度までは決算、2015年度は補正後予算案、2016年度は政府案による。
財務省の資料より作成。

ッセージを発信します。そして、それを実現させるために一九七七年度の補正予算と一九七八年度の予算で公共事業に大規模な支出を行い、その伸び率は前年比三四・五%増と空前のものであり、日本の公共投資は先進国で突出したものになっていくのです。

それと同時に、国が抱える借金も急激に増えていきました。図1では一九七五年度以降、国債依存度も国債発行額も急増する時期にあたっています。

結局、高橋財政から三〇年の年月を経て再開された国債発行でしたが、まさに高橋が蘇ったかのように、福田は高橋と同じような過ちを犯してしまったわけです。福田の財政運営はその意味で「高橋に並んだ」

ことになります。いわば成功と失敗の両面を共有したのでした。

「総額締め付け方式」という原点回帰

もう少し続けましょう。福田財政が政府債務を急増させ、財政を悪化させてしまったため、大蔵省は「骨までしゃぶった予算査定」を決断します。この「骨までしゃぶった予算査定」という言葉は、福田内閣の下で大蔵事務次官を務めた長岡實《みのる》の発言ですが、これにより、予算の総額をコントロールする財政という、高橋以来の大蔵省の伝統もまた、ここに蘇ったわけです。

具体的には、対前年比伸び率ゼロというような上限を設ける、後の「ゼロ・シーリング」に繋《つな》がる措置が始まり、予算の総額に枠をはめて、それ以上は使えないようにしました。こうしたやり方を「総額締め付け方式」と言います。

一方、これと対照的なのが「個別審査主義」です。ひとつひとつ審査して、大事なものと不要なものが何かを議論していくという民主主義を地で行くやり方で、長岡も「この方式でなければ歳出構造を大きく変えるところまではいかない」と認めつつも、「この件は何回となく試みて、結局破れ続けた歴史の繰返しなんです」と吐露しています。

みなさんには、次の長岡の言葉をかみしめてほしいと思います。

「これはもう、日本人の国民性といっていいかもしれませんが、『皆で渡れば怖くない』の逆で、『皆がガマンするならしかたがない』ということになる。ところが、個別になにかの予算をヤリ玉にあげて抑制するとなると、『なんでオレだけやられるんだ』と猛烈な抵抗を生むんです」

それで、個別審査主義ではなく、「総枠を締めつけて、狭くした土俵の上で相撲をとらせることで、どれかが土俵の外にはみ出さない限り予算が組めないようにする方式をとることにしました」(『責任と限界（下）』)。つまり財政民主主義はあきらめる、ということです。

長岡の発言は、財政民主主義を放棄し、予算の総額を抑えるということに全力を尽くしていくと高らかに宣言しているようなものです。これは「高橋財政」の思考そのものにほかならず、その意味でもまた、高橋は蘇ったのでした。

「平成の高橋是清」の登場

福田財政から三〇年経って登場したのが「平成の高橋是清」と称された宮沢喜一です。つまり、再び三〇年周期で是清が復活したのです。

一九九八年、小渕恵三内閣の下で蔵相に就任したときの宮沢は首相経験者でした。総理を経験した人物が大蔵大臣になるということはあまりなく、しかも高齢での就任という点でも高橋と共通していました。また、宮沢もやはり大蔵省出身者ですから、「神様」の高橋を尊敬していたと思います。ある新聞報道によると、蔵相就任後の会見で高橋と比べられた宮沢は、「願わくばあれだけの仕事をしたい。微力でも全力投球をしたい」と珍しく気負いを見せたと言います。

先の橋本龍太郎内閣のもとでの参院選で惨敗し、福田以上に国民からの支持に苦しんだ小渕恵三は、福田同様、支持率を上げようと大規模な公共事業を行いました。そしてその財源となったのは、「平成の高橋是清」と呼ばれた宮沢が容認した空前の国債発行です。

宮沢が蔵相に就任した当時の日本は、アジア通貨危機や山一證券、北海道拓殖銀行の倒産が起こったあとの経済危機の時代でした。図1をもう一度見てください。福田が国債依存度を急激に上げげた時期の後、増税なき財政再建とバブル経済があり、国債の量はぐっと減っていきます。しかし九〇年代に入って、再び国債依存度が上昇を始め、九八年度に急激に上がっている。これが宮沢蔵相の時代です。

証券不況であれアジア通貨危機であれ、何らかの経済危機が訪れるとなぜか高橋是清の名前が出てくる、そして莫大《ばくだい》な借金をして公共事業をやるということが繰り返されていることがよくわかります。

しかし、日露戦争、高橋財政、そして国債の発行再開といった出来事は、基本的に経済の成長を前提にできた時代で起きたことでした。しかし、小渕政権下での高橋是清の復活は、運の悪いことに日本の経済や社会の歴史的な転換点とちょうど重なっていました。

この歴史的な転換点で起こったこと、あるいは高橋の「復活」がいかなる意味を持っていたのかについて、掘り下げて考えていきたいと思います。

国民のニーズと政策のギャップ

そもそも、大規模な公共投資は本当に国民が望んでいたことだったのでしょうか。

一九九七年五月に行われた「国民生活に関する世論調査」の中の「今後、政府に対して、力を入れてほしいと思うことをこの中からいくつでもあげてください」という設問への回答（複数回答可）を見てみましょう。

ここでは「医療・福祉・年金の充実」が七割近い支持を集めています。それから「高齢者・障害者介護など福祉の充実」も五割以上に支持されています。それに対して公共投資にあたる「景気対策」は約四五％です。公共投資への要望が低いとは言いませんが、国民は社会保障のほうを大事だと思っている、あるいは控えめに見ても、公共投資よりも大切だと思い始めていたわけです。

一九九〇年代をつうじて言えることは、「医療・福祉・年金の充実」や「高齢者・障害者介護など福祉の充実」が高い支持を受けるようになったということでした。七、八〇年代を見てみると、「物価対策」や「税の問題」への関心が高かったのですが、社会保障や高齢化対策へ、つまり生活の保障へと人々の関心が大きくシフトしたのでした。

本来なら政治はそうした国民のニーズに寄り添うべきでしょう。しかし、日本の政府は予算総額をコントロールすることばかりが頭にあるため、予算の中身である配分について議論を尽くさず、国民の気持ちに寄り添えませんでした。

同時に、メディアも折々に高橋是清を復活させることによって、経済危機のたびに借金して公共事業をするという選択を後押ししてしまい、みなが求めている社会保障にお金が回らないという図式が繰り返されたのです。

一九九七年~九八年という歴史的転換点

この一九九七年から九八年という時期は、日本社会が劇的に変わった歴史の転換点でした。各世帯の実質可処分所得（税引き後所得）を見てみますと、戦後一貫して増えてきたにもかかわらず、一九九七年をピークに現在に至るまで下がり続けてきました。こんな国はほかになく、日本人自身、過去にこのような経験をしたことはありません。

図2はかなり衝撃的です。これを見ると、一九九七年と今と何が違うかがはっきりとわかり

図2　各世帯収入の占める割合

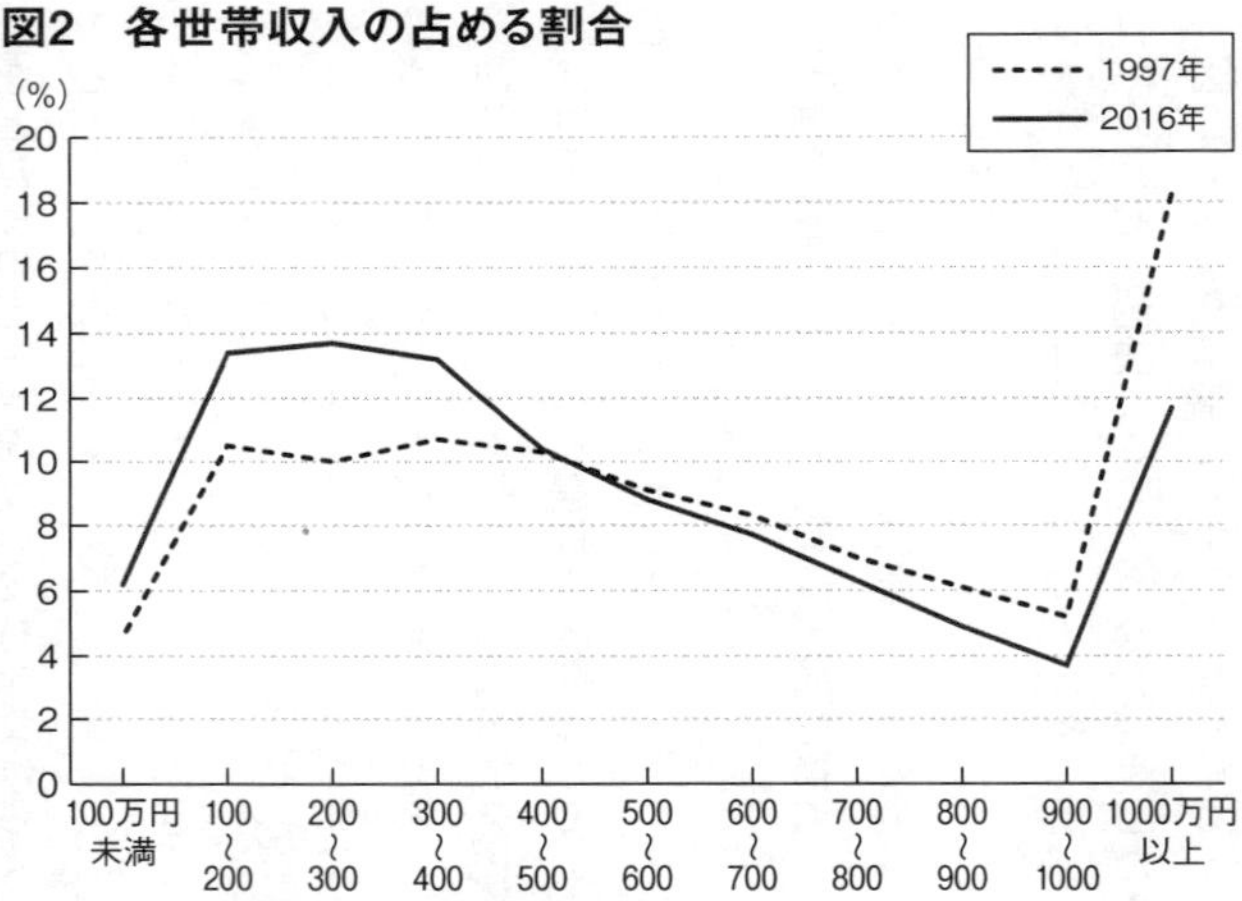

国民生活基礎調査より作成。2016年は熊本県を除いている。

ます。年収四〇〇万円以上の人ががくんと減ってしまい、年収四〇〇万円以下の人が大きくふくらんでいる、つまり一九九七年をピークに、多くの中間層が低所得層の仲間入りをしたのです。

少子化の理由もこれと関連します。ようは、子ども一人分の教育費を払えないぐらいに日本人が貧乏になったということなのです。もし子どもを高校と大学に行かせようと思ったら、学費が九〇〇万円、地方から進学する際の仕送りや家賃を五〇〇万円とすると、トータルで一四〇〇万円かかると言われています。しかし、僕たちはこの二〇年間で累積一五〇〇万円近くの所得を減少させています。教育費を払いたくても払えないのです。

なぜ日本人がこれほど急激に貧しくなった

のか。それは、一九九七年以降、正社員が減って非正規雇用が増え、給料が下がったからです。

それだけではありません。専業主婦世帯の数と共働き世帯の数を比べてみますと、一九九七年~九八年以降、明らかに専業主婦世帯が減って共働き世帯が増えています。つまり、九七年以降は二人で働かないと生活が成り立たなくなったということを意味しています。二人で働いたのに勤労世帯の世帯収入はピーク時と比べて約一四％も落ちたのです。

自己責任社会の日本

社会保障はいったい誰が受益者になっているのでしょうか。社会保障のうち高齢者への配分については先進国トップクラスですが、現役世代への配分は下から二番目です。注意してください。お年寄りがもらいすぎなのではありません。なぜなら、日本の高齢化率は先進国一位ですから、当然、お年寄りに対しての社会保障は大きくなります。ただ、それを割り引いても、現役世代に対する社会保障は少ないです。

これはつまり、「自分で働け、自分で貯金しろ、そのお金で生活に必要なサービスを買え」ということです。政府は現役世代にまったく不十分にしか社会保障を出していません。これほど自己責任に任される国は珍しいと思います。

ここで日本の暮らしの保障のあり方について見ておくこととしましょう。

図3　資金過不足の対GDP比

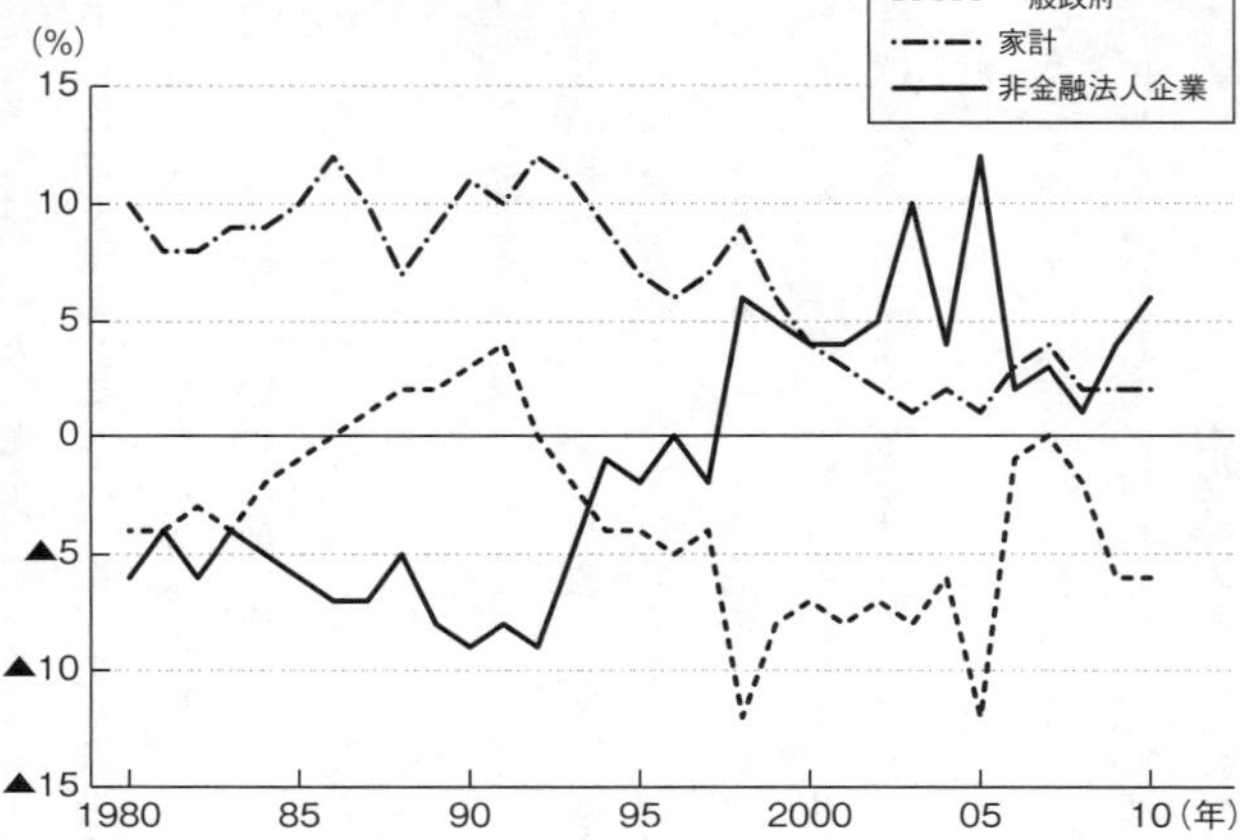

日本銀行資金循環統計より作成。

日本が莫大な借金をして公共投資を行ってきたのは、経済成長を促すためです。なぜ成長が必要なのか、理由は簡単です。貯金ができれば未来が安心できるからです。日本人はみな、成長は目的だと勘違いしていますが、成長は手段にすぎません。貯金ができれば未来が安心できるということこそが目的なのです。

日本は、貯金しなければ生きていけない社会です。子どもの塾のお金、学校のお金、家を買うお金、老後の備え、病気の備え……これらは貯金で賄われます。それなのに日本人は貯金ができなくなっているのです。

図3のたて軸を見てください。ゼロより上は資金余剰、つまり貯金ということになりますが、先進国最高の貯蓄率を誇ってきた日本

の家計がもはや貯金できないところまで下がり続け、直近のデータではとうとうマイナスになってしまっています。日本は貯金しないと人間らしく生きていけない社会なのに、所得が減って貧しくなり、貯金ができないという社会になっているのです。

未来の安心を失った私たち

今、多くの人が、家を買えるのだろうか、子どもを進学させられるのだろうか、病気になったらどうしよう、老後は……と、将来に不安を抱えています。貯金ができなくなった日本人は未来の安心を買うことができず、国民の九割近くが「老後は不安」と答えている異常な社会、それが今の日本なのです（「国民生活選好度調査」）。

それだけではありません。貯金ができなくなるということは生きていけなくなるということを意味します。一九九八年以降、自殺する人間の数が劇的に増えています。最も自殺率が上がったのは三〇代、四〇代、五〇代の男性です。こんなに多くの人が自らの命を簡単に絶ってしまう社会は、どう見てもおかしい。貯金ができないから人が死ぬ、そんな社会を僕たちは作ってきたのです。

ここまで見てきたように、一九九七年～九八年はさまざまな変化が一度に起こった歴史の転換点でした。人々が将来への不安に怯《おび》え始めたまさにこのとき、財政を作りかえるべきだったということは明らかです。

しかし、「平成の高橋是清」は「古き良き時代の高橋是清」の延長線上にいたのでした。むろん、宮沢さんは神様ではありません。かつての成功モデル、神格化された財政モデルに頼ってしまったのはしかたのないことです。

とはいえ、同じ借金をするのであれば、少子高齢化と女性の社会進出が生み出す社会的ニーズに対応し、安心して生きていける社会を作るために使えれば、今の生きづらさは全然違っていたかもしれません。例えば、老人福祉の自己負担を軽くしたり、医療費を安くしたり、幼稚園や保育園、大学の費用を安くする……それにより人々の将来不安を和らげることができたかもしれません。

でも、その障害となったのは総額重視型の予算と高橋是清の財政哲学だった、と僕は思います。その結果、人々の将来不安と租税抵抗はますます強まっていくことになるのです。時代の転換点にあって古い時代の成功モデルが幅を利かす。歴史とは難しいものです。

袋叩《ふくろだた》きの政治と政治不信

経済成長が前提にならない時代がやってきました。すると悲しいことに、古いモデルが「逆機能現象」を起こし始めました。

一九九五年に「財政危機宣言」が出されてから二〇年来、政府は「財政危機だ、財政危機だ」と言い続けています。財政赤字解消のために「無駄をなくす」ことが眼目となり、何が無駄か、誰が無駄遣いしているかを暴き立てて予算を削ることが定着していきました。

最初は「公共事業が無駄だ」と叫ばれ、特殊法人、公務員、議員定数、生活保護の不正受給、復興予算流用……が次々とターゲットにされ、今は医療費や薬の値段が高すぎると、やり玉に上がっています。この二〇年間ずっと「誰が無駄遣いをしているか、何が無駄か」そして「誰がウソつきか」を暴き立てて攻撃する政治が続いてきたのです。僕はこれを「袋叩きの政治」と呼んでいますが、「どこから予算を削るか」がポピュリズムの根底にある「犯人探しの政治」として逆機能しているわけです。

しかし、日本国民は自分の既得権を守るため「袋叩きの政治」を支持しました。「袋叩きの政治」は、人を叩くことで自分が得をする政治なのです。しかし、そんな政治を見せられ続けて、政府を、政治を、人間を信頼するなどできるでしょうか。

政府に対する信頼度についての調査で、日本は先進国中、ほぼ最下位です。人間に対する信頼度はどうかというと、二八カ国中二一位と、こちらもかなり低い。政府も人間も信頼しない社会ができあがってしまった、それが今の日本なのです（「国際社会調査プログラム（International Social Survey Programme）」）。

これから言うことは非常に重要です。

借金が増えている理由は何か。皆さんは「支出が多すぎるから」と思っているかもしれませんが、それは誤解です。実際には政府債務の増え始めた一九九一年以降、支出はそれ以前とかわらない伸びでした。九〇年代の末以降はむしろ抑制されています。一方、激減したのは、税収です。つまり収入が足りないから借金が増えたのです。

ですから、ほんとうはどうすれば増税が可能になるかということを考えなければならないはずなのに、「無駄をなくします、誰が無駄遣いしているかを暴きます」という政治をやってきました。人間不信を煽《あお》り立てる政治のなかで増税などできるわけがありません。「支出を削って財政再建する」と誰もがいいます。ですが、もし税収のレベルまで支出を削ったとしたら、みなさんの生活はまったく成り立たなくなるでしょう。

成長依存型社会の終焉

高橋是清に始まる「総額重視型予算編成」は本来、インフレを抑制するためのもののはずだったのですが、悲しいことに、今はデフレ経済の中で物価を抑えるために必死で予算の総額を抑える財政になってしまっています。明治期に淵源を持つ財政レジーム、そして成長依存型社会をどう変えていくかが、今、まさに問われているのです。

二〇一五年の日本の一人当たりGDPは、OECD三五カ国で二〇位です。かつてトップクラスだったのがウソのようです。潜在成長率という指標があります。これは日本経済が中長期的に成長する力ですが、日本銀行の推計では一%を割っています。これが日本経済の実力です。

さらに、日本経済研究センターの二〇一五～二〇三〇年推計によれば、オリンピック後五年間の平均成長率が〇・五%、そしてオリンピックが終わって六年後から一〇年後の成長率はゼロ、「平成の是清」から三〇年が経つ二〇三〇年にはピーク時から人口が一割減っています。これから僕たちが生きていくのはこういう社会なのです。

それなのに「アベノミクスをやれば経済成長をする」「いや、アベノミクスは失敗だ、我々の政策のほうが成長する」などとやり合っている政治状況をみると、本気で言っているのだろうか、と悲しくなってしまいます。野党が政権をとったとしても、かつてのような経済成長はムリです。僕は、「あそこまで体を張って、日本の経済がもう成長できないことを証明してくれた安倍さんはすばらしい」と褒めてあげたいと思うくらいです。

明治期に淵源を持つ財政レジームがあり、しかも成長して貯蓄ができないと人間らしく生きていけない社会、「成長、成長」と言わないともたない社会があるのに成長できない。でもこのままいけば、オリンピックが終わってもなお、政府は「成長、成長」と言い続け、また借金をするのでしょう。それでいいのかと、僕はみなさんに問いたいと思います。

格差を認めない日本人

僕たちはどんな社会を目指せばいいのでしょうか。

まず客観的な事実から話しましょう。格差の大きさを示すジニ係数というものがあります。ジニ係数が大きければ大きいほど格差は大きいということです。日本のジニ係数の大きさはOECDの調査した三五カ国の中で二二位です。

相対的貧困率は大雑把に言って貧しい人の割合と思ってください。こちらは、三四カ国の中で日本は六位、一人親家庭でみると三三カ国の中で一位です。

一人親家庭のほとんどが母子家庭ですが、母子家庭の母親の就労率は先進国の中で日本が一番高い。それなのにその貧困率が先進国一位というのは、誰がどう見ても格差大国であるとしか言いようがありません。

日本人は自分たちが昔より貧乏になってしまったことに気づいています。「国際社会調査プログラム」にある「自分の所得は平均以下か」という質問に対し、「そうだ」と答える割合は四一カ国中一二位、「育った家庭より地位が低下したか」という質問に「そうだ」と答える人の割合は八位、そして「父親以下の職である」は二五カ国中一位です。

ところが問題なのは、「不平等な社会だと思わない」と答える人が四一カ国中一二位、「格差は大きすぎると思わない」が一三位なのです。自分たちが貧乏になったことはわかっているし、どのデータを見ても格差が大きくなっているのに、「格差大きくなった？」と聞かれて「いやあ、そんなことないんじゃないかな」という感覚でいるのです。

「自分は中の下だ」と考える人々

どうしてこのような奇妙な現象が起こるのでしょうか。同じ調査を見てみますと、「あなたたちはどの階層に属していますか」という質問に対し、「中流の下」と答える人の割合が、日本は三八カ国中で一番多いのです。一方「下流の上」と答えた人は三八カ国中で二九位、つまり少ないということです。気づいてきましたか？

確かに貧しい人の数がどんどん増えているのが現実です。しかし、明らかに低所得層の仲間入りをしているのに、自分たちは「中の下」で踏ん張っているという認識を持っている人が非常に多いのです。彼らは「自分は低所得層だ」ということはなんとなくわかっていても、「いや、自分は中の下だ」と、必死に歯を食いしばって働き、生きています。

なぜ現実は低所得層に属しているのに、「自分は中の下だ」と思うのでしょうか。これには江戸時代以来の「勤労」という考え方が深く関係しています。

日本国憲法の第二七条に「勤労の義務」があります。労働の義務や就労の義務というものはあっても、勤労が義務という国はおそらく日本と韓国ぐらいでしょう。歴史的に徳目と考えられた日常の生活態度を通俗道徳といいますが、「勤労」は、通俗道徳をまさに象徴する言葉です。真面目に働き、倹約し、自分自身で生きていくということができない奴《やつ》は落伍者《らくごしゃ》であり、道徳的失敗者と見なされるのです。

「知らんがな」でウケを取る社会

今、お笑いの芸人が「知らんがな」とよく言いますが、要するに、自己責任だということです。「俺は関係ない」「おまえのせいだ」「自分でなんとかしろ」と言っているのが「知らんがな」で、それを聞いてみんなが共感して笑うというのが日本の社会なのです。

普通、仲間が失敗したときには「大丈夫か、助けてあげるよ」と言うものですが、日本では違います。もし経済的に失敗したら、「真面目に働かなかったからだ」「怠けたからだ」「贅沢《ぜいたく》をしたからだ」と責め、病気になったら「自己節制、自己管理ができないからだ」「努力が足りない」と突き放します。病気になったのは、非正規雇用で貧しいから安いファストフードしか食べられなかったということかもしれないのに、それを「自己責任だ」と攻撃するのが今の日本社会なのです。

「自分は中の下だ」と認識している人たちの心中には、「失敗者になりたくない」という思いがあるのだと思います。経済的な失敗者を道徳的な失敗者としてののしる日本の文化については、安丸良夫さんが書かれた『出口なお』（岩波現代文庫）という本に非常に鮮やかに描かれているので、ぜひ読んでみてください。

鍵を握る「中の下」

この「中の下」という意識は決定的に重要です。もし、「自分は中の下だ」と思っている人たちが低所得層と連帯すれば、マジョリティになるのです。しかし現実は、彼らは富裕層とタッグを組んでいます。

なぜかといえば、自分が受益者ではないからです。自分が属していると思っている中間層は負担者で、ごく一部の低所得層が受益者だというのが彼らの認識です。だとすれば、彼らが低所得層とタッグを組むわけがありません。それどころか、「あいつらを叩いて、奴らの取り分を減らしたほうが自分は得をする」と、低所得層へのバッシングが始まるのです。

生活保護利用者をバッシングしているのは富裕層ではなく、生活不安に怯えている多くの人たちです。自分たちは歯を食いしばって一生懸命働いているのに、働きもせずに金をもらい、子どもに恵まれ、安い家に住んでいるといって、生活保護利用者を攻撃する。明らかに、弱者がさらなる弱者を叩くという構図が生まれているのです。

「貧困女子」を特集したＮＨＫの番組では、顔もオープンにしてテレビに出た女の子が、ものすごいバッシングの集中砲火を浴びました。ＮＨＫのスタッフに聞いたところでは、「こんな奴を貧困女子なんていってテレビに出すな」といった「自分のほうが貧困だ」「もっとたいへんな人がいる」という声が殺到したというのです。

政治のポリシーとして重要なのは、現実は低所得層なのに「自分は中の下だ」と考えている人たちをどちらの側に持っていくのかということなのです。しかし、今の野党にそのポリシーはありません。民進党や共産党は富裕層と低所得層の間に分断線を引き、「私たちは貧しい人たちの味方です」と、「格差是正」「貧困対策」「弱者救済」のスローガンを掲げます。しかし、生活苦の問題は左派が言うような貧困問題ではなく、中間層も含めた多くの人にとっての社会問題なのです。

貧困の現場の最前線で闘っている人たちは、もう格差是正だけでは闘えないことに気づき始めています。そんなことを言っていても、有権者のマジョリティである中間層の心をつかむことはできないし、目の前の困っている人たちは助かりません。

自分自身が困っている中でがんばって「中の下」にとどまっているという感覚を持つ人たちが「低所得層にいる人たちのために税を払ってください」と言われて払うわけがありません。「格差是正」の旗を作りかえない限り、野党が選挙で勝つことは難しいでしょう。

「小さな政府」で分断社会が広がる

ただ人間が集まっただけでは社会とは言えません。例えばアメリカ人とフランス人と日本人が集まっても、それを「社会」とは呼ばないでしょう。そうではなく、人間が集まったときにある価値観を共有し、分かち合ったときに初めて社会になるのです。

では今の日本はどのような社会なのでしょうか。「世界価値観調査（World Values Survey）」（二〇〇五〜二〇〇九年）によると、「所得はもっと公平にされるべきだ」と思う割合は五八カ国中、日本は三九番目、「どのくらい自由を感じるか」という問いに対して「かなり」「ある程度」と答えた人の割合は五一番目、「自国の戦争のために喜んで戦うか」で「イエス」と答えたのは五八カ国中最下位、そして「国民に自意識があるか」で「ある」と答えた割合は三四番目です。

平等や自由、愛国心、人権という、人間がこのために血を流し、命をかけて勝ち取ってきた重要な価値観を、もはや分かち合おうとしない社会になろうとしています。同胞意識、仲間意識を持てない、価値観を分かち合えない人間の集団に成り下がろうとしている日本社会。だから僕は「分断社会」という言葉を使うのです。

分断社会は世界的に進行しているというよりも、小さな政府を標榜《ひょうぼう》する、アングロサクソンモデルの国に共通する現象と見たほうが正確だと思います。

イギリス、アメリカ、日本、政府の大きさを抑えている国ではみんなにサービスを配ることは無理なので、個別にばらまいていく、そしてその利益を票と交換しているわけです。

もちろん、この三国にも濃淡はあります。イギリスの場合は多少ましで、医療費は無償化しています。でも、その他の部分を見れば、ほかのヨーロッパ諸国と比べて、ほとんどが個別の利益でなりたっています。

小さな政府で個別利害の塊のような小さな財政を作っている国では、「私たちが貧しいのはあいつらのせいだ」という理屈が成り立ってしまいます。日本であれば、「我々の暮らしが辛《つら》いのは貧しい奴らが無駄遣いしているからだ」となりますが、もし移民が入ってくれば、今度は同じ国民である貧しい人たちも取り込みながら、「苦しいのは移民のせいだ」と叫び始めるでしょう。

今僕たちが問われているのは、このままアメリカやイギリスのように分断社会を加速させて、誰かを誹謗《ひぼう》中傷し、トランプ現象やブレグジットのような歴史的な変革が起きる社会を目指すのか、それとも、そうした財政や社会の問題にいち早く気がつき、分断型のモデルを連帯型のモデルに切り替えていくというように舵が切れるか、ということなのです。

図4　中間層の税負担をどう思いますか?

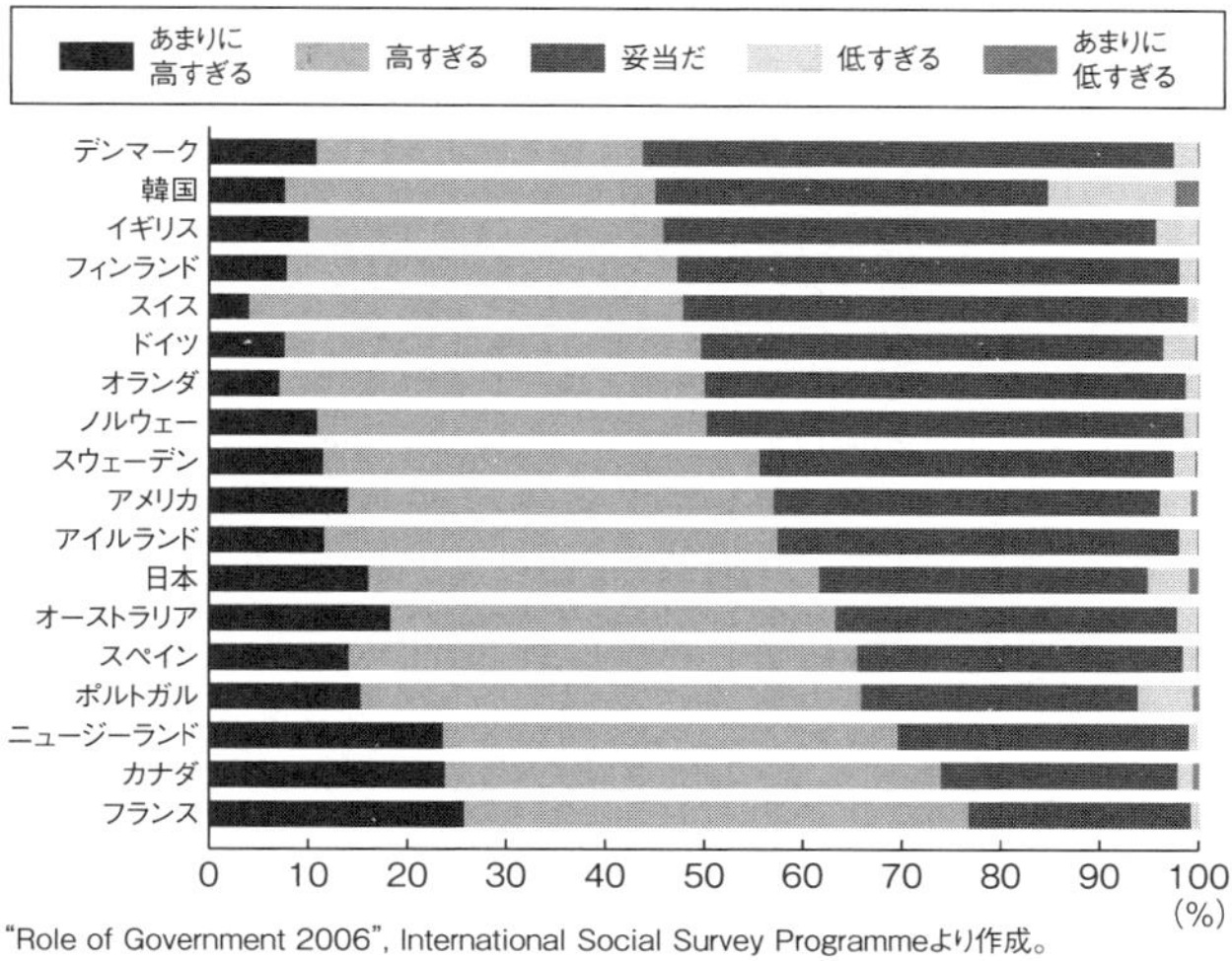

"Role of Government 2006", International Social Survey Programmeより作成。

なぜ北欧よりも痛税感が高いのか

図4の「中間層の税負担をどう思いますか?」は衝撃的なデータです。日本人は「あまりに高すぎる」と思っている人が多い。みなさんも「税金が高い」と思っているかもしれません。しかし、先進国の中では日本は最も税の安い国の一つです。それなのに、日本人は「自分たちの税は重い」と感じている。

一方、フィンランド、スウェーデン、ノルウェー、デンマークという高福祉高負担で税金が高いことで知られる北欧の人たちは「税金が安い」「妥当だ」と考えている割合が日本人よりずっと高い。もう理由はおわかりですね。これは「受益感」の問題です。多く取られても、その分もらうものも多いから、北欧の人たちの「痛税感」は低いのです。

日本の「痛税感」が高いのは、もらえていないのに取られているからです。消費税が八%に上がって「こんなにいいことがありました」と言える人はいるでしょうか。僕は今まで何千人もの人に聞いてきましたが、「いいことがあった」という人はほとんどいません。

おそらくみなさんは「増税」と言われたときに強い抵抗感を抱くでしょう。その理由は簡単です。一〇%に消費税を上げるとしたとき、社会保障の充実に使うのはたった二割で残りは借金の返済にあてられるということになったからです。しかも八%に増税になった最初の年は、増収分のわずか一割である五〇〇〇億円しか我々の生活のためには使っていません。残り九割は借金の返済です。これで税に賛成するほうが不思議です。

未来の不安をなくす方法

もし五%の消費税のうち半分をみなさんの生活に使ったらどうなると思いますか？　半分は借金の返済に使いますから、財政は改善されます。あとの半分をみなさんの生活に使うと、幼稚園と保育園、介護、大学、医療、そして障害者福祉の自己負担をかなり軽くできます。つまり、将来の暮らしを心配しなくていい社会がやってくる。そのために、一〇〇円のジュースが一〇五円になる、ということです。

これが僕の考える未来の不安をなくす方法です。先ほど言ったように、将来の不安をなくせるのなら、「成長、成長」と叫ばなくてもいいはずでしょう。病気や怪我や失業によって貯金ができなくなっても将来の不安に怯えることのない社会を作るために、みんなで税を払い、みんながそのサービスの受益者になっていけばいいのです。

教育、医療、住宅、子育て、介護などさまざまなサービスについている所得制限をなくして、みんながもらえるようにする。中間層を受益者にしなければ税の合意など調《ととの》うわけがないのです。

再分配のわな

そう言うと、「金持ちにも配るのか」と左派の人たちに怒られてしまうのですが、それは誤解です。全員にサービスを提供しても格差は小さくできます。

どういうことかというと、年収一億円の人に一〇〇万円分のサービスをあげても一%分の効果しかありませんが、年収一〇〇万円の人が一〇〇万円のサービスをもらったら一〇〇%所得は改善するからです。

今まで日本人は、困った人を助ければ格差が小さくなると思っていました。確かにそれは効率的なやり方ではあります。ですが、一部しかいない高所得層から税を取り、その限られたお金を低所得層に配っても格差はさほど小さくできません。効率的ではあっても、量的にまったく足りないのです。

それだけではありません。むしろ政治的な対立は強まってしまいます。これは「再分配のわな」と呼ばれる現象です。「貧しい人にあげるから、中間層や富裕層は負担者です」と言われれば、負担者は「なんで俺たちだけ取られるんだ、あいつら無駄遣いしてるじゃないか」と、怒るでしょう。それが租税抵抗を起こして、税を取れなくなり、格差を是正しようと思ってもできなくなってしまうわけです。

だから、発想を変えて、みんなに配るのです。自分が怪我をしようが病気をしようが将来のことに一切不安を感じなくていい社会を生み出すという戦略を取るべきなのです。そうすれば、既得権者や生活保護利用者へのバッシングなどは意味をなくしてしまうでしょう。

そもそもの話です。病気にならない人はいませんし、赤ちゃんのときにほうっておかれて生き延びられる人も、将来は絶対介護なんて必要ないと言える人もいない。今どんなに元気でも、帰る途中で車にはねられて明日から障害者になるかもしれません。さまざまな生活保障のニーズに対して、誰もが共通の可能性を持っているのです。

そうであるならば、障害者の福祉であれ、医療であれ、教育であれ、子育てであれ、介護であれ、全員に配るべきだということになります。そして、みなが必要としているものをみなに配れば格差を小さくすることができます。新自由主義の人たちは「既得権をなくせ」「無駄をなくせ」「身を切る改革だ」と言いますが、みんなを受益者にすることでも既得権者をいなくすることはできるのです。

それだけではありません。所得制限をはずせば、事務も楽になって人件費が下がります。今、自治体の現場では、所得制限をクリアしているかを調べるのに職員を何人も必要とし、行政の非効率化を招いています。逆に全員に配ることで事務を効率化でき、作業に携わる公務員の人数や人件費を節約することができるわけです。これもまた、新自由主義的な無駄遣いの犯人探しでなく、人間の必要を満たしていくことで。

貧しい人にも税金をかけよう

「誰もが受益者」と言うと、「それは、ばらまきじゃないのか?」と言われますが、違います。あくまで、増税とセットなのです。富裕層や中間層だけでなく、貧しい人にも税金をかけましょう、というのが僕の提案です。その理由を、図5で見ていきましょう。

最初の収入の格差が一〇倍あったとします。そのとき、例えば二〇%でみんなに一律に課税します。二〇%課税をすると、収入が二〇〇万円の人は税引き後の所得が一六〇万円、収入二〇〇〇万円の人は税引き後所得が一六〇〇万円になります。このときの格差は一〇倍のままで

図5　新しい再分配の可能性

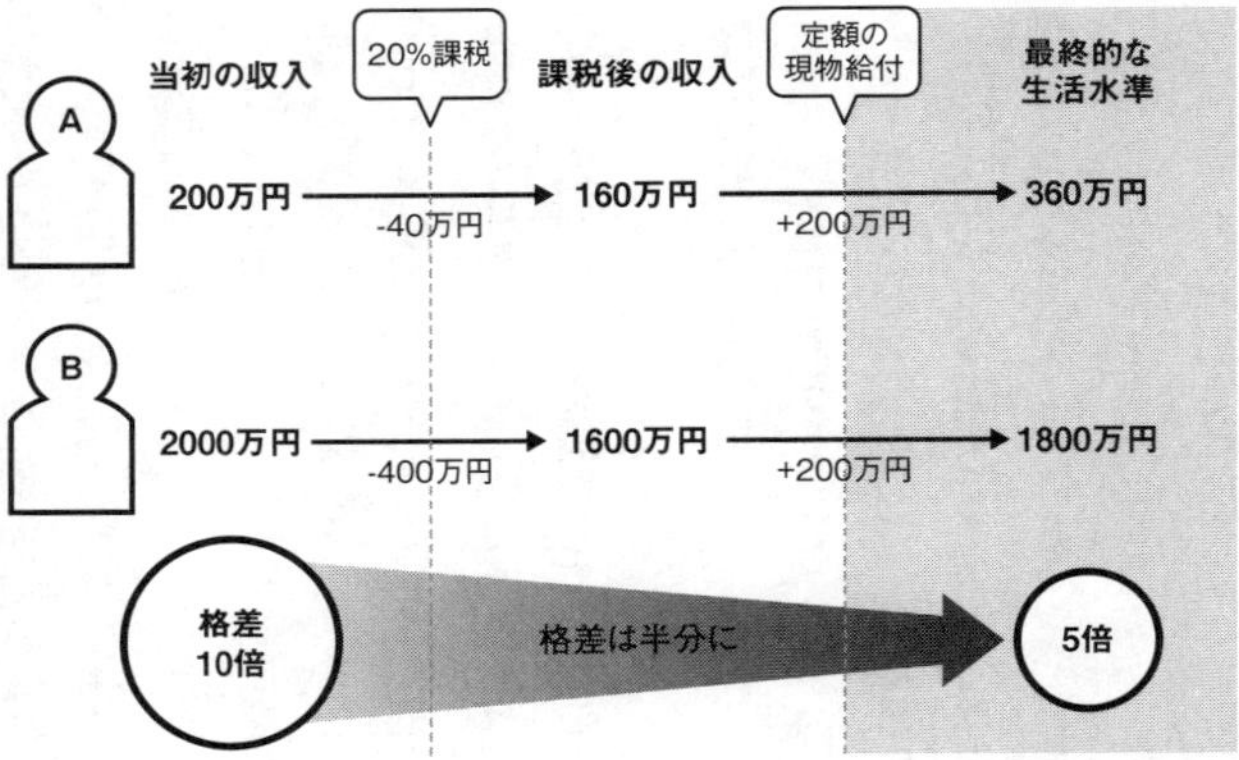

注：税収の一部は財政再建に用いている。

す。

一方、税金は四四〇万円入ってきました。この配分を工夫するのです。試しに、二〇〇万円ずつ、貧しい人にもお金持ちにも配ってみます。すると最終的な生活水準は三六〇万円と一八〇〇万円になり、格差は五倍、つまり当初の半分になっているのです。まるで手品のようですが、貧しい人にも税金をかけ、お金持ちにもサービスを配ると、格差は小さくなるということです。

これは、手品でもなんでもありません。貧しい人は四〇万円しか取られていないのに二〇〇万もらい、四〇〇万円取られたお金持ちのほうは二〇〇万円しかもらわないのですから、格差は小さくなるに決まっています。たとえ二〇〇〇万円が一〇〇〇万円、八〇〇万円、六〇〇万円でも格差が小さくなるという原理は変わりません。

日本では、生活保護は本来使うべき人たちのうち二割にしか利用されていません。生活保護は困っている人を助けるための良い仕組みのはずで、スウェーデンでは八割が使っています。それなのに、なぜ日本ではこんなに利用率が低いのでしょうか。

しかも、生活保護をもらっている人たちの自殺率は非常に高いのです。「人様のご厄介になるのは嫌だ」と言って命を絶つお年寄りがたくさんいます。良いことをして助けてあげているのになぜ死を選ぶのか。それは恥ずかしいからです。

もし医療費が無料になれば、生活保護の四割以上を占める医療扶助が不要になります。教育扶助、介護扶助など、僕たちが生きていくために必要なサービスをきめ細かに、そしてみんなに提供していけば、誰もが当然の権利として生活を保障されるようになります。「生活保護をもらうことが恥ずかしい」という屈辱の領域を最小化することで、貧しい人も豊かな人も尊厳を傷つけられることなく、堂々と生きていける社会を実現できるのです。

僕は、「貧乏だから助けてやる」「金持ちだから税金かけろ」と、人間をお金で区別するようなみっともない社会は終わらせたほうがいいと思っています。みんなが痛みの領域も受益の領域も分かち合うという仕組みを上手に作ることができれば、租税抵抗を和らげ、格差を小さくすることが可能になる。これこそが、借金と公共事業に依存してきた高橋是清型財政を大きく切り替え、人々の生活をきちんと保障し、みんなが安心して生きていける社会を作る方向性であると思います。

全員がサービスの受益者になるという僕の持論に、ある政党の若手の議員さんたちが猛反発したという話を聞いたことがあります。若い世代でさえ、「助けるのは困った人たちだけでいい、あとは自己責任だ」と考えているわけです。

でも、この困った人たちとは誰のことでしょう。総額を重視する高橋是清型の財政では、当然、支出の削減のために、困った人たちの「限定」が始まります。「働かざるもの食うべからず」という言葉を知っていますよね？　ここでいう「働かざるもの」とは本来貴族階級に向けられた批判なのですが、多くの日本人はそれを「働けるのに働かないやつは食っちゃいけない」と逆の意味でとらえます。そしてこう迫るのです。「自己責任だ」と。

「みんなが働かずしてサービスをもらえるなんてとんでもない」という彼らの批判が僕にはよくわかりません。だって、大勢の人たちが貯蓄を自己責任でできずに苦しんでいるのですから。僕は、「みんなが働いた大切なお金を税金として払い、みんなで痛みを分かち合う。しかしお金で人間を区別することのない、みんなが安心して生きていける社会を実現する」ことを目指すべきだと考えています。

「家族のように助け合う社会」を作る

分断が進む日本の社会の現状には暗澹《あんたん》たる想《おも》いになります。しかし、これから人口減の時代に向かっていく中で、日本人は必然的に助け合うようになっていくのではないかと僕は考えています。

日本の歴史を見ていくと、縄文時代の終わり、平安時代の終わり、江戸時代中期に人口停滞期があり、現在はその四回目に入っていくところです。人口が減っていく危機の時代には助け合わないと生きていけませんから、共助の関係が強化されます。例えば、寒冷化が進んで平均寿命が三〇歳だった縄文時代末期の遺跡には、障害を持った人もお年寄りも助け合って生きてきた痕跡が残されています。

現代の日本でも、都会に先駆けて人口減に直面している農村や過疎地では、今までなら「よそ者」として絶対受け入れなかった若者たちを移住させたりしています。また、江戸時代以来続いてきた集落間の対立や垣根を乗り越えようとする動きとして、例えば水道施設やガソリンスタンド、スーパーマーケットといったみんなの生活に必要とされるものを共同経営するようなことも起きています。

洋の東西を問わず、人間は困ったとき、とりわけ人口が減り、生活や生存の危機が目前に迫ったときには必然的に助け合ってきました。福祉国家のモデルのように思われているスウェーデンでも、一九世紀後半から二〇世紀初頭に大規模な人口の国外流出に見舞われたことがきっかけになり、「みなが家族のように助け合う」という社会民主主義のモデルを作りあげたのです。

これから人口が減っていくのは日本だけではありません。アフリカや中国やインドも含めて人口の増加率がゼロになっていく時代を世界は迎えようとしています。人類の歴史に学ぶ限り、左翼や運動家が「団結せよ」「連帯せよ」と言わなくても、人々が助け合うという時代になっていくでしょう。

でも、問題は、その連帯のかたちがどのようなものになるかということです。

今のままでは、富裕層と中間層が連帯し、低所得層を置き去りにするようなモデルになっていくでしょう。だから、僕は中間層と低所得層が連帯するようなモデルを考えたのです。勤労の思想が根強い日本、政府への不信感が強い日本では、そう単純にはいかないでしょう。でも、重要なことは、一種の楽観主義に立って支え合いを前提としつつ、どのように人々が繋がっていくのかをちゃんと考えることだと思います。僕たちは「誰が悪いことをしているか」「誰がズルをしているか」と暴き立てることにではなく、どうすれば人間が幸せになるかということにもっと頭を使うべきではないでしょうか。

みなさんに最後に訴えたいのは、「困っているから」「かわいそうだから」助けるという発想はもうやめるべきだということです。「格差是正」「反貧困」の旗を編みかえるときが来ています。二〇二〇年東京オリンピックの一〇年後になっても、「借金をして公共事業をして所得をなんとか増やして貯金ができる」というようなことをまだ言っているのだとしたら、そのとき、人々は絶望の淵に沈むでしょう。高橋是清レジームからの脱却。これこそが今の私たちに問われていることなのではないでしょうか。

【Q&A】

日本国債は今後、どうなるのか

Q　国債の九割は日本国内で保有していますが、もし国債を返せないということになったら、どういうことが起こるのでしょうか。

井手　もし、国債を返せないということになったら、間違いなく株価も通貨も大暴落するでしょう。しかし、そのような事態はあり得ないと思います。ハイパーインフレーションを起こしたり、債務の打ち切りをしたりするようなこともないでしょう。

国債の大量発行が問題なのは、金融機関のバランスシートを傷つけることです。ところが今、日銀の国債保有額が急増しており、民間金融機関の保有額が減っているという状況の下、ものすごい勢いでバランスシートの健全化が進んでいます。

最大のポイントは国内保有、そして中央銀行が大量に国債を持っているということです。まず、自国建ての通貨で発行された国債が原因でデフォルトを起こした例は厳密に言うとありません。また、国内保有者が大部分という状況では、資本逃避も、したがって急激な円安も起きません。

あるいはこういう手もあります。政府は期限が来たら日銀に借金を返さないといけないわけですが、そのときに日銀にもう一度借り換えてもらい、その償還期限を二〇年後にしてしまう。すると、日銀が持っている借金は向こう二〇年間一切返済しないでいい借金に一瞬で変わるのです。

財政法五条には起債の日銀直接引き受けはやってはならないと書いてありますが、今は、日銀が直接国債を買っているわけではありません。マーケットから日銀が国債を買い、償還期限がきたところで長期化して乗り換えるというだけの話です。

これ以上国債を発行すると財政が破綻すると思っている人が多いのですが、そう言い続けて二〇年が経っています。日銀が買い続ける限り、国債の暴落は起きようがありません。だから、安心して国債を発行できたわけで、要するに破綻しない仕組みを作ってしまったがゆえにいくらでも発行できているのです。論理が逆さまだと思います。

日本国債は絶対暴落しないとわかっているので、格付けは別として、投資家たちの間でアメリカ国債と並んで最も安全な資産とみなされています。ですから、世界の経済が不安定化すると、必ず日本国債とアメリカ国債に資金が流れていくのです。この状況で明日にも危機がやってきそうに話すのは、冷静な議論ではないと僕は思います。

借金を返さなくてもほんとうに大丈夫なのか

Q　日本の借金は国民一人当たり八四〇万円と莫大な額になりますが、それでも借金を払わず、このまま増え続けていってもいいのでしょうか。

井手　民進党は「次世代に借金のツケを回さない」と言っていますが、僕は本当にツケを回してはいけないのは借金ではないと思います。

借金もない、見た目にきれいな財政を次の世代に残すことが大事なのか。それとも、自由や平等、愛国心、人権といった大切な価値観を分かち合える、生きる価値がある社会に作りかえて残すことが大事なのか。

割り切って言うならば、財政赤字や借金はたいした問題ではないと僕は考えています。なぜかというと、財政とはみんなにとって必要なものを満たすものだからです。ある誰かが必要なのではなく、みんなが必要だから、みんなで税金を払って負担を分かち合っていく、それが財政の本質です。

財政は人々の命や暮らしを守るためにあります。財政赤字や政府の債務を減らして財政の見栄えをよくするために人々の命や生活を犠牲にしていいということなど、人類の歴史の中で一度もなかったはずです。財政は人間の暮らしを守るためのものであって、人間の暮らしを犠牲にして財政をよくするというのは本末転倒です。

日本は対GDP比二〇〇%の借金を抱えていると言われると、「それはたいへんだ、なんとかしなければ」と思うでしょう。しかし、それだけの借金ですから、一年で全部返すのではなく、一〇年、二〇年かけて返していくのが普通です。それならば、一〇年、二〇年で計算してみればいいのです。もし二〇年で借金を返すなら、対GDP比一〇%です。これなら、全然怖くないでしょう。

あるいは、国債の九割は日本に住む人たちの保有ですから、つまり全体の九割分の資産があるということになります。八四〇万円の借金があるかわり、七六〇万円の資産がある。これが正確な表現ではないでしょうか。

対GDP比二〇〇%、国民一人当たり八四〇万の借金、そんなふうに言われても、恐れることはありません。しかも、借金の九割を日本人が持ち、出てくる国債は片っ端から日銀が買っていくのですから、デフォルトなんて起こるわけがないのです。繰り返しますが、一九九五年に財政危機宣言が出され、二〇年以上危機だ、危機だと言い続けられていますが、いつ財政危機が来ましたか？　国債の長期金利などは二〇〇〇年代に入って二％を超えたことが一回もないのですから、おかしい話だと思いませんか？

僕たちはもっと冷静にならないといけません。財政健全化は必要です。でも、今の政府には危機を煽ることで、税を取ったり支出を削ったりする方法しか持てていません。

そのレジームや発想を変えるために、ちゃんと増税する、そのかわりにちゃんと使うという仕組みをととのえるべきです。「借金、借金」と国民を脅かすのではなく、人々の暮らしをちゃんと保障し、金で人間を区別するような分断社会を終わらせていく、税への抵抗を和らげて、少しずつ財政も健全化する。そうした方向性を目指すべきだと思います。

第四回　故郷への眼差《まなざ》し——熊本地震の経験から

行定　勲

奇《く》しくも、震災直前の熊本の貴重な映像を「記録」した映画となった『うつくしいひと』。その監督・行定勲と、俳優デビューを果たした姜尚中が、愛する故郷を突然見舞った災禍の「歴史的意味」について、縦横無尽に語り合う。本講座では珍しい「対話形式」による公開講座。

〔ゆきさだ・いさお〕

映画監督。一九六八年熊本県生まれ。長編第一作『ひまわり』（二〇〇〇年）が第五回釜山国際映画祭の国際批評家連盟賞を受賞。『GO』（二〇〇一年）では日本アカデミー賞最優秀監督賞をはじめ国内外の五〇の賞に輝き、『世界の中心で、愛をさけぶ』（二〇〇四年）が観客動員六二〇万人、興行収入八五億円、この年の実写映画一位の大ヒットを記録。二〇一〇年には『パレード』が第六〇回ベルリン国際映画祭で国際批評家連盟賞を受賞。新作の『ナラタージュ』は二〇一七年一〇月公開。

（講義日　二〇一六年一二月一九日）

モデレーター／姜尚中

熊本がはらむ近代の矛盾

姜　行定さんは言うまでもなく日本を代表する映画監督で、私は天才だと思っているのですが、私よりも一回り以上若い同郷の友人です。今日は私のほうはモデレーターのような役割ということで、二人の故郷である熊本が体験した震災のことも含めて、いろいろ話をしていきたいと思います。

それに先立ち、なぜ行定さんに来ていただいたのかということについて説明させてください。二人ともたまさか熊本出身ですが、熊本で生まれたということが今、大きな意味を持っていると思います。熊本は地政学的に言うと九州のちょうど真ん中で、九州における中央統括行政の中心であり、また広島と同じく軍都の役割を担っていました。そして、在日や台湾の人、華《か》僑《きょう》など多様な出自の人が集まるところでもありました。そういう場所で私も行定さんも生まれ育ち、東京に出てくるという、同じような境遇をたどってきたわけです。

行定さんと話しているとき、「自分は最初、熊本が嫌いだった、だから熊本を後にした」と聞きました。これは私も同じで、熊本にいたときにはなかった愛郷心というものが離れてみて出てきたところがあります。自分が育ったからというわけではないですが、熊本はいろいろな意味で美しい田園風景が展開されている場所です。私のように外の国から来て根を生やしたという人間であっても、やっぱり愛郷心は人一倍ある。しかしそれは、場合によっては愛国心というよりは反骨に繋《つな》がる可能性も持っています。

近代国家は、潜在的な内戦状態をなんとか鎮めることで国内が一枚岩であるかのような仕組みを作り、常に愛郷心と愛国心が分裂することを鎮めようとしてきました。しかし、私としては、郷土を愛すればすなわち国を愛することになる、つまり愛郷心と愛国心は連続しているというのは本当だろうか、と思うのです。愛郷心と愛国心は肉離れを起こすだけでなく、それが対立することもある。

日本国内の歴史を見ていくと、愛郷心と愛国心は実は常に矛盾を起こしています。九州の北と南の対立の戦場でもあった熊本は、明治一〇（一八七七）年の西南戦争など、そうした血なまぐさい歴史がとりわけ多く刻まれている場所です。そういう点で、熊本は近代以来の矛盾をはらんだ地域と言えます。歴史の古層のような形で、内側にはらんだ矛盾や軋轢《あつれき》のようなものがやがて外側を巻きこんでいく。私の両親も巻きこまれた中に入るでしょう。

そして、グローバル化という大きな地殻変動は、どこの国であってもこれまでのような国民統合が非常に危うくなっていることを我々に示しています。沖縄の問題に代表されるように、地方が中央の植民地と化していくような状態が維持できなくなってきていますが、今、ようやく愛郷心と愛国心は必ずしも連続しないということを少しずつ我々は体験しつつあるのではないでしょうか。そして、熊本の歴史を考えることは、近代以来の日本がはらむ矛盾に光を当てることになると私は思っています。

「ぼぼした祭り」と「ぼした祭り」

行定　僕が熊本の震災前に撮った『うつくしいひと』は、姜さんの第一回主演作品です。映画関係者に「姜尚中、普通に演技してるね」と言われましたが、実際はたいへんでした。姜さんに演技ができるはずがないんです。では、なぜ姜尚中をこの映画に呼びたかったかというと、やっぱり声とたたずまいですね。外見というのは映画では非常に重要で、中身はあまり必要ない（笑）。

姜さんと最初にお会いしたのは、東京にある熊本市の持つ会議室だったと思います。熊本にいては映画監督にはなれないと思ったので、僕は東京に出てきたわけですが、東京に住んで熊本を見ると、いいところより悪いところや嫌なところばかり目立ちました。例えば、熊本の人は非常に内向きで、仲間意識ばかりが強く、外の人間はなかなか容易に輪に入れません。東京に出て初めて、排他的であるがゆえに広がりを持たないという、故郷の嫌な面が見えてくる。

そんなことを姜さんに話した記憶があります。

例えば、熊本に「ぼした祭り」という祭りがあります。「ぼした」というのは「ぼした、ぼした、滅ぼした」という掛け声が呼称になっていて、正式には藤崎八旛宮《はちまんぐう》秋の例大祭という祭りです。何万人という人が詰め掛け、車も通行止めにして、神輿《みこし》を担いで街中を練り歩く。行列の先頭には加藤清正公の格好をした市長が飾り立てた馬に乗って、その後ろから神輿を担いだ連中が「ぼした、ぼした、滅ぼした」と一斉に掛け声を叫びながら、我が物顔で街を牛耳ります。

僕の祖父は路面電車の操車場で働いていたのですが、僕が子どものときに弁当を届けに行ったら、「あの祭りはいっちょん好かん」と言っていました。要するに、朝鮮出兵した加藤清正を称えるために「(朝鮮を)ぼした、ぼした、滅ぼした」と言っているんだと。

「滅ぼした」なんて、熊本以外の人が聞いたら、ぎょっとしますよね。以前、僕は天願《てんがん》大介監督の助監督をやっていたのですが、天願監督のお父さんはあの巨匠・今村昌平さんで、一度お食事の席にご一緒する機会がありました。そのときに、「君はどこの出身なの」というやりとりがきっかけで、「熊本にはおもしろい祭りがあって、ぼした祭りというのがあるんですよ」という話をしました。それで、「ぼした」の意味を説明したら、あの巨匠がびっくりしていたのですから、相当強烈だと思います。

僕の祖父が言うには、「あれは元々は『ぼぼした、ぼぼした』だったとたい」、つまり「ぼぼ＝セックス」したと卑猥《ひわい》な言葉を囃《はや》し立てていたのだと。それがいつの間にかすりかわって、「ぼした、ぼした、滅ぼした」になっていった。

姜　確かに、私の母親も「ぼした祭り」にいい顔はしていなかった記憶がありますが、「ぼした」になったのは、たぶん明治以降でしょうね。

行定　おそらく、明治になって侍じゃなくなった自分たちの行く末を危うく思い、急に清正を思い出して拠《よ》り所《どころ》にし、そうした清正信仰からの流れで「ぼした、ぼした、滅ぼした」と言い出したのではないでしょうか。

姜　私は熊本の歴史にあまり詳しくないのですが、熊本では、明治国家成立まもない、まだ混乱状況が続いている中で、明治国家がこのまま存続するかどうかを問うような内戦が戦われてきました。神風連の乱は鎮圧されますが、西南戦争で薩摩《さつま》軍に身を投じた人たち、その中には私の出身校である県立済々黌《せいせいこう》高校の創立者である佐々友房もいましたが、彼らは逆賊から官軍の側に寝返ることで、なんとか生き延びていったわけです。彼らが自分たちのオーソドキシーを確立していくために、より強く国家の神輿を担いでいくという面が清正公を復活させ、やがて国家に忠誠を誓う「ぼした」になっていったということはあると思いますね。

市長に石を投げた友人

行定　僕は一九六八年生まれですが、小学校四年生のとき、全校生徒で「ぼした祭り」に参加することになりました。それで、かき棒やしゃもじを持たされて、それを叩《たた》きながら「ぼした、ぼした、滅ぼした」と言う稽古を一週間ぐらいやらされていたのです。

その稽古期間中、僕と仲が良かったH君という友達が学校に来なくなりました。彼は姜さんと同じ、在日韓国人だったんです。「どうして来なくなったんだろう」と思っていたら、誰かが「あいつは朝鮮人だけん来んとばい」と言った。

そういえば、以前、彼だけがある市議会議員の息子の誕生会に呼ばれなかったことがありました。僕はそのときは、何も気づかなかったんです。彼は「親父《おやじ》と一緒に釣りに行くけん、俺は行かんけど、おまえは遊んで来ればよか」と僕に言いました。彼はクラスではとても人気者でしたから、そういう理由で行かないんだなと思って、何も疑うことなく誕生会に行きました。

誕生会に行ってみると、彼以外のクラスメイト全員の顔がそこに揃《そろ》っているわけです。さすがにおかしいなと思って、市議会議員の息子に理由を聞いたら、「あいつと一緒におると、おまえもあいつの仲間になるぞ」と言われたのです。そこにどういう真意があるのかわかりませんでしたが、H君を仲間はずれにしたことは明らかでした。子どもながら怒りの感情が湧き上がりました。

僕は、「帰る!」と言って誕生会を抜け出しました。そして、H君が釣りをしている湖に向かいました。彼は一人で釣りをしていました。「あれ、一人?」と聞くと「親父は帰ったけん」と言うのです。彼は、僕が誕生会のお土産に持たされたケーキを見て、「それ何?」と聞くので「食べる?」と聞いたら、仲間はずれにされていることなんてまったく気にしてないような態度で、ケーキをおいしそうに食べていた。僕は、そんなH君のことを「強い人間だなあ」と思って、密《ひそ》かに憧れました。

そんなことがあって、彼が在日韓国人であることはだんだんわかってきたものの、なぜ朝鮮人だから学校に来ないのか不思議でした。休み続けるH君に僕は、給食のパンと宿題のプリントを家に持っていきました。彼はお父さんと二人で住んでいましたが、家にいた彼は全然元気で、「上がりなっせ」というので家の中に入ると、神棚のようなものがありました。そこに見たこともない着物を着たきれいな女の人の写真が飾ってあった光景を、僕は今でも忘れられません。今考えてみれば、その女の人の着ていた衣装はチマチョゴリだったと思います。その女の人はH君の亡くなったお母さんでした。

「なんで学校に来んと?」と聞いたら、「父ちゃんが行ったらいかんと言うと」という答えが返ってきました。それでも僕はまだわからなかった。僕は母に聞いても、「あの家は、在日だけん、嫌とだろ」というだけで、やっぱりわからない。そのときに、「あれは、朝鮮で戦った加藤清正を讃《たた》えている祭りだ」ということを、祖父が教えてくれたんです。

加藤清正は熊本を導いた立役者で、みんなヒーローだと思っている。九州の真ん中に位置する熊本がこの地域を引っ張っていかなきゃいけない、そのために清正が必要だったというのはよくわかります。でも、「ぼした祭り」の由来を知った僕は、仲良しの友達をこんなふうに疎外しなきゃいけない社会を作ったのは清正なんだと、すごく憎く思いました。そして、そんな清正を讃えて、「ぼした、ぼした、滅ぼした」とみんなが叫んでいることを子どもの僕はものすごく異様に感じたのです。

「ぼした祭り」の当日、僕はみんなと一緒に掛け声を叫ぶ気持ちになれない中、その場の雰囲気に流されるようにして「ぼした、ぼした、滅ぼした」という渦の中にいました。そうしたら、そこにH君が現れて、行列の先頭に立ち、練り歩いていた市長にいっぱい石を投げつけたんです。

あのときの彼の形相、市長に向かって石を投げた気持ち……みんなは何も知らないわけです。体は大きくてもまだ子どもの彼を、周囲の大人たちが取り押さえ、引きずるようにして連れて行きました。そのことを思い出すと、僕は今でも胸が痛くなって、泣きそうな気持ちになります。どんな映画も勝てない、壮絶な光景でした。未《いま》だに自分が作る映画でそんなシーンは撮ったことがないし、撮れない。その事件でH君は補導され、以来、学校に来なくなってしまいました。

「国際交流」で消される歴史

行定　ただ、僕とH君の間にはずっと前から約束していたことがありました。冬になると僕たちの住んでいる町にある湖にカモが飛来してくるのですが、そのカモをパチンコで撃って捕まえるという計画です。そのカモを剝製屋に売ってできたお金で、町を出ていきたいと言う。まだ小学生ですよ。「この町を出たい」という彼の言葉の真意は、当時の僕にはわかり得なかったけれど、「彼がやりたいというんだったら、一緒にやろう」と思っていました。

一二月になって、水泳部だった僕が冷たいプールで冬季訓練をしていたとき、学校に来ていなかったH君が突然、姿を見せました。「パチンコを二つ作ったから、今日、カモ撃ちに行かないか」と誘われて、町外れにある弘法大師を祀《まつ》った祠《ほこら》にあるお地蔵さんのところで待ち合わせようと約束したんです。ところが、例の市長の息子が、僕たちが話しているのを見ていて、下校時に僕を家に誘い、裏庭にある蔵に閉じ込めたのです。僕は必死になって、そこを抜け出して約束の場所に駆けつけました。お地蔵さんの横に、手作りのパチンコが一つだけ置いてありました。僕はそれを手にして走りましたが、湖には誰もいませんでした。雨が降り始めたので家に帰ったんです。

帰宅してしばらくして、「子どもが行方不明だ」と町内放送があって、すぐに担任の先生から電話がかかってきました。「おまえはH と一緒におったとか」と聞く。「約束していたんだけど、会えなかった」と説明しました。ただならぬ何かぞわぞわするような気持ちでいたら、夜八時ごろになってまた担任から電話です。「すぐ病院に来い」と言われ、病院に行くと、目の前を真っ青な顔になったH君が担架で運ばれて行きました。一人で湖にカモ撃ちに行った彼は、舟が転覆して溺れ、そのまま帰らぬ人になってしまったのでした。

僕にとって、初めて死と対峙《たいじ》した出来事でした。熊本という土地柄の中で、H君という一個人が死ななければならなかったことが、僕は悔しくてならなかった。このときのことが原因で、僕はずっと熊本という場所を好きになれないでいたのです。

仲のいい仲間は今でも「ぼした祭り」に参加してますが、現在は「ドーカイ、ドーカイ、ドードーカイ」という掛け声になっています。H君が亡くなって数年後、国際社会に鑑みて、「ぼした、ぼした、滅ぼした」を主張のない掛け声に変えたのでしょう。そんな見せかけの「国際交流」のためなんかより、なぜ「ぼした、ぼした、滅ぼした」と言っているのか、その歴史の真実を次の世代に伝えることのほうが重要なんじゃないかと思う部分もあります。

ちなみに、熊本に国際交流会館という立派な建物があります。正面玄関に相対して加藤清正像が立っているんですが、崔《さい》洋一という、僕の怖い大先輩の映画監督が熊本にシンポジウムに呼ばれたときに、「みんなで開かれたアジアを作っていこう」という開かれた未来についての話をそこでしたそうです。シンポジウムを終えて、建物を出たら、目の前に清正の銅像があって、「俺に挑んでいるかのようだった」と言っていました。まったく、皮肉ですね（笑）。

『GO』とほかの在日映画の違い

行定　そういうことがあったので、自分の生まれ育った熊本に対しては、いろいろな思いがあります。もちろん、愛着はある。でも、自分の故郷には一つの大きな歴史があって、その末端でH君という一人の人間が亡くなったわけです。自分はなんとなく故郷に属しているのではなく、そういう歴史があって今があるんだという意識が、『GO』という映画に繋がっていったと言えます。

『GO』は、東京の在日二世である金城一紀《かねしろかずき》の自伝的要素が強い小説が原作です。僕は、この小説を読んだとき、「あのころ、こういう主人公が描かれた小説があったら、H君は死ななくてよかったのにな」と、涙が止まりませんでした。「国境なんか、俺が消してやるよ」という主人公のセリフがあるんですが、このセリフでH君の魂が救われたように僕は感じたのです。

人間は人と人の間にも勝手に線を引いていく、でも国境なんて見えないものを俺は乗り越えていくという、そんな力強さを、そのセリフに教えられた。『GO』は、日本人と在日韓国人のそれぞれの因縁や怨念のようなものを背負ったまま、平行線をたどっているだけだったけど、それじゃもうダメなんだ、そういうのは全部打ち消してやるんだ、という小説です。これは僕には到底書けない、表現できない物語だと思いました。

それまでの在日韓国人が描かれた映画はというと、監督も二世や三世で、自分たちの歴史を打ち出し、日本社会と向き合うマイノリティの苦悩を描いた作品がほとんどでした。でも、「在日の監督を指名したくない」、つまり、イデオロギーを持たない人間にこの原作をそのまま映画化してほしいというのが原作者の意思でした。

在日と一口に言っても、家や育ち方、環境によっても、一人一人違います。だから金城一紀個人の思想とその物語をきっちり撮ってくれる人がいいということで、僕が監督をすることが決まり、スタッフも「国境は俺たちが消す」ということに対して賛同している人たちが集まりました。

そうは言っても、僕らには到底わからないイデオロギーというものに触れないといけないわけです。朝鮮学校出身の在日韓国人のスタッフたちの協力を得て、みなで話し合いを重ねました。その結果、在日だから描かないという考えは持たないことを重んじました。脚本の宮藤官九郎はとにかく普通にギャグを書いた。正直、彼の書いたシナリオを原作者は懸念しましたが、「これは日本の不良学校の話だったら普通に書くようなことを、ギャグとして当たり前に、平等に書いているんだ」ということを最終的には理解してもらいました。とはいえ、一番緊張したのは、在日韓国人の高校生を対象にした試写会です。終わった後に「あれは俺のエピソードだ」という声がたくさん上がり、「あそこはちょっと違いますけどね」というようなこともざっくばらんに話してくれて、とても嬉《うれ》しかったですね。

原作者の家は朝鮮総連（在日本朝鮮人総連合会）から民団（在日本大韓民国民団）に変わったので、総連側からは徹底的に批判されました。でも、民団が主催する映画祭に呼ばれたときは、原作者が民団なわけだし大丈夫だろうと、僕は一人で出かけていったのです。そうしたら、「君、一人で来たの」と言われました。僕は無知だったので、「一人で来たらダメだったんですか」と聞くと、「日本人で一人で来た映画監督は初めてだよ」と言われて、そのとき、急に怖くなって汗が出ました。でも、それが逆によかったのか、僕の話にみな、シンパシーを感じてくれたようです。

どれだけ闇を切り開けるか

行定　歴史の一番末端に生きている僕たちは、その歴史をどこかで打ち消していかなければならなかったり、新しく更新していかなければいけなかったりする。ただ、過去を知って今があるということは絶対必要なんだ、ということは強く感じています。

映画は闇に光を当てて、そこに何が映っているか、それを観《み》るものです。一番重要なのは闇であって、そこに手を突っ込んで切り開いていかないといけない。たぶん、真実なんていうのはないんだと思います。ただでさえこれだけいろんなことが隠蔽されていて、これが真実だというものにたどりついたと思っても、その奥にまだ違うものがある。ただ、我々がどれくらいそこにぶち当たって、そのときにそれぞれが何を実感できるのか、ということが重要だと思っています。

姜　忘れられた歴史がたくさんあるということには、私も違和感を持っています。熊本で繰り返されてきた血なまぐさい歴史は、意外と伝えられていない。そしてそれは、熊本だけではありません。

今回の基調講演で三井三池炭鉱や長崎の軍艦島の話が出てきましたが、観光案内などでは、明治の殖産興業の大きな施設であるという、光の部分だけしか語られないわけです。でも、三井三池には中国や朝鮮半島から連れてこられた人、あるいは囚人労働をさせられた人や沖縄などの地域から来た労働者たちもいて、荒尾市の正法寺にその中国人や朝鮮人たちのための供養塔や慰霊碑が建てられています。でも、それは外側の人にはわからないのです。

行定　今、軍艦島と聞いてゾッとしましたけど、僕は高校三年の夏ごろ、軍艦島に渡ったことがあるんです。当時はまだ普通には渡れなくて、釣り船に乗せていってもらいました。四日後に迎えを頼んで、僕と友達の二人で体育館に泊まったんですが、人の気配をいっぱい感じるんですよ。とにかく怖くて怖くて、一日ごとに泊まる場所を変えていったんですが、畳らしきものがあったり、漫画が置いてあったりして、どこに行っても、いつも人の気配がする。追い込まれて、最後に行った場所でふと見回すと、さびた映写機があるのをみつけました。そこは小さな映画館だったんです。

僕はそのころ、高校を卒業したら映画のほうの進路に進もうかな、と思っていました。だから、その映写機を見たとき「呼ばれたんだ」と思って、嬉しかったですね。たぶん、この島に住んでいた人たちの思念というか、残像みたいなものがたくさん残っていて、僕らはそれに触れていたんだと思います。それで「呼ばれた」という感覚を持ったんでしょう。

姜　歴史の闇に光を当てるという話で言うと、実は、ハンセン病の収容施設だった多磨全生園《たまぜんしょうえん》に行ってきたんです。全生園は現在約一〇万坪もある広大な土地ですが、開設当初は患者地区が土塁や深さ二メートルの堀で囲まれて患者が外に出られないように、また外からも中に入れないようにしていたそうです。それを今、遺跡を発掘するように復元しようとしています。

発掘された中に患者の子どもたちが学んでいた施設がありました。子どもたちの中にもハンセン病に罹患した子もいれば罹患しなかった子もいたわけですが、やはりハンセン病の隔離施設だった熊本の菊池恵楓園《けいふうえん》と同じように、全生園では子どもができたとわかったら堕胎をさせたり、亡くなった子どもの患者のホルマリン漬けを標本として置いていたり、それから断種もやっていました。館内の説明では、断種までやるのは世界的にも珍しいそうで、それは優生学的な考え方が強くあったということを意味しています。

宮崎駿《はやお》さんは全生園の近くに住んでいたのですが、『千と千尋の神隠し』という映画があったでしょう。あの映画では、主人公が最後、自分の名前を取り戻します。全生園でも、収容されるとみな、名前を変えられて、自分の一族が一切わからないようにされていたわけです。今でも全生園の患者さんたちは、自分の名前を取り戻そうとされています。

全生園ができたのは一九〇九年で、日露戦争が終わって数年後のことです。そう考えると、炭鉱の歴史もそうですが、そうした闇の部分に光を当てるということになかなかならず、行定さんがおっしゃったような思いがほとんど伝わらないまま観光施設化していくというところに、明治一五〇年という歴史の一つの特徴があるように思います。

行定　全生園は、河瀬直美さんの『あん』の舞台になったところですね。あの作品は、現代におけるハンセン病と世の中とのかかわり合いを描いた、すばらしい映画でした。

時代は移り変わっていくけれども、負の遺産的なものに光を当てることにより、古きがあって今があるんだということを認識させる、それは映画の一つの仕事だと思います。姜さんの今の話を聞いていて、映画が向き合わなければいけないものについて考えさせられました。

震災が『うつくしいひと』を変えた

行定　『うつくしいひと』を撮影したのは、二〇一五年の一〇月です。その後、地震があったので、ずいぶん昔の話のように感じます。

この映画はもともと、熊本県の依頼で始まった企画でした。「熊本には観光資源はすごく多いのに、まだまだ知られていないので、もっと多くの人に熊本のことを知ってもらいたい」ということで、最初は「きれいな水、熊本城、阿蘇、くまモン」の四つが出るものを作ってくれないか、と言われたんです。それで、僕はこういう意地悪な企画書を作って出しました。

スランプに陥っているそば打ち名人が東京にいて、ひょんなことで熊本に行き、そばを打ってみたら、今までの自分の概念を凌駕《りょうが》するようなそばが作れた。それは、熊本の水がきれいだからですよ、という話です。阿蘇も出てくるし、そばを食べる場所は熊本城、あとは、くまモンがどこかに出てくればいい。

県庁の担当者が「監督、天才ですね、すばらしいです」と言うから、僕は「こういう映画は撮りたくないんです！」と怒りました。「あなたたちはいいと思うかもしれないけど、県外の人たちはそんな映画を見ても、何もおもしろくない。熊本の水がきれいだとアピールして、きれいな場所でそばを食べて、そんなものがいいわけないじゃないですか」と言ったのです。

熊本の良さはなんの変哲もない日常にあるのであって、例えば熊本の道端や路面電車を撮ったり、そこに生きている人たちの何気ない状況を撮ったりすることで、熊本の情緒が映し出されていくはずだ、と僕は思っていました。ちょっと変わった人間も出てくるけれど、熊本の人たちの気風や気性のようなものがあらわれて一つのドラマをなしている、そのほうが熊本の良さを伝える映画としてはいいんじゃないですか、と話したところ、県の人もわかってくれました。

完成した映画には、結局、きれいな水も阿蘇も熊本城もくまモンも出てくるので、最初に言われた条件は全部クリアしたんですけどね（笑）。

姜さんが演じるのは、夏目漱石の『草枕』を撮ろうと、自分の故郷である熊本をロケハンしに来た映画監督です。スタッフが帰った後、彼は初恋の人との思い出をたどろうと思って、一人残る。その初恋の人の娘と出会い、一緒に旅をすることになるんですが、中年男と若い女のちょっと不倫話のような、色っぽい映画に一瞬、見えるでしょ。でも、実はそうではなくて、この映画監督は初恋の人に恋い焦がれていて、ものすごい純愛を持っているという話なんです。

つまり、一つのささやかな初恋のことを思い出しながら、熊本をめぐっていくという映画です。県側が「これではイメージと違う」と言ってきたら、「じゃ、長崎で撮ります」と言おうと思っていました。話としては、熊本でも長崎でもどこででも撮れるシンプルな映画なんです。ただ、シンプルだからこそ背景に映し出される風景が重要になってくる。町のたたずまいや自然に影響されて映画が豊潤になっていくのです。

しかも、この映画に出演するのは熊本出身の熊本愛がある俳優たちで、特に高良健吾《こうらけんご》くんは、僕なんかより一〇〇〇倍ぐらい熊本愛が強い俳優です。それから、橋本愛ちゃんという若手で注目されている女優さんや石田えりさんも出る。姜さんは以前は熊本のことをあまり好きではなかったけど、最近は熊本に気持ちが向き始めている。たまたまキャスティングのすぐ後、熊本県立劇場の館長を引き受けることになりましたしね。こういう人たちに出てもらって、一週間で撮影しました。

三月に私がディレクターをしている菊池映画祭で完成した映画を発表し、いよいよ公開という矢先に地震が起きて、そのときはこの映画はお蔵入りだと思いました。映画に映っている風景の八割は地震で傷ついてしまい、映画の中にしか残っていません。そうなると、「熊本をアピールしたい」という企画は、もはや成り立たないわけです。熊本の良さを伝えるために撮った映像を観て熊本に行っても、そこにはもうその風景はないのですから。

ところが、「この美しい熊本を今こそ見せるべきなんじゃないですか」と、県外の映画人たちから背中を押されたんです。「普通は、五〇年、一〇〇年経《た》って、『あの風景は今はもうないね』と映画を見て懐かしみ、せつない気持ちになったりするものだが、たった半年ですでに懐古的な風景になってしまうという経験は絶対ない」とも言われました。

それで、全国を回ってチャリティー上映会をしたんです。この映画を観ることで、熊本を知らない方たちに、今テレビで映っている悲惨な状況だけではなく、もともと熊本にあった情緒や美しさのようなものを感じていただくということはできたんじゃないかと思います。

回っていく先々で、熊本出身の方たちにも会いました。あるとき、七〇代後半ぐらいの熊本出身の女性に声をかけられました。「熊本城は三〇年後まで私が知ってる熊本城には戻らないと聞いている。生きている間は、熊本城はもう見られないと思っていたけれど、あなたの映画を見たら、私の思い出がぱっと浮かんだ。ありがとう」と言われたんです。

何十年と見てきた熊本城の当たり前の風景が、半年後には特別なものになってしまった。今はもうなくなってしまった風景が目の前にあるということをこの映画で目の当たりにした熊本の人たちは、映し出された景色と自分の思い出とを直結させたのだと思います。熊本城が映って、「きれいな熊本城ね」と思った瞬間に、自分が知っているこの熊本城はもうないという郷愁にかられて涙を流される。この映画がそんなふうに熊本の人たちの心に触れていたなんて、その女性に「ありがとう」と言われるまで、僕は気づきもしませんでした。

熊本でも『うつくしいひと』を上映しました。四〇〇〇回以上の余震があって、ずっと気が張っていた熊本の人たちはたぶん、涙を流す時間もなかったと思います。そういう状況で心が固まっている中、あの映画を観て笑ったり、今は失われた熊本の風景を目の当たりにして泣いたりしている。その光景を見ながら、映画ってこんな力があるのかと、改めて思いました。

それまで僕は、自分が作りたいものが作れればいいと、どこかで思っていました。ところが、この『うつくしいひと』という映画は、地震が間に挟まったことで、僕らが想像もしないところに成長していったのです。

ドキュメンタリーでは伝わらないこと

行定　今、熊本の人たちは悲惨な状況の中で必死に耐えています。でも、そういうときにカメラを向けられると、「いや、何のこともなか、大丈夫」って、みんな言うんです。

避難所になっていたある体育館に記者が入って全国中継している放送を見ていたら、おじいちゃんとおばあちゃんがいて、記者が「地震、怖かったでしょう?」と聞いている。おばあちゃんが「怖かったです」と答えていたら、横に寝ていたおじいちゃんが急に起き上がって、「あれは7じゃなか。震度6だったたろ、たいしたことなか」と言い出した。強がってるんですね。アナウンサーは、「怖かった」と言ってほしいので困ってしまうわけです。おばあちゃんに「いろんなのが壊れて、お父さんも怖かったじゃなかね」と助け舟を出してもらっても、「あれは6だった、震度7ほど揺れとらん」と言い張っている。肥後《ひご》もっこす。熊本の人らしいなと、僕は思わず笑ってしまいました。

要するに、ドキュメンタリーと言っても、カメラが向いた時点でフィクションなんです。本心を言わない。でも、一旦カメラをしまって、一緒に酒を飲んだり、交流を続けて話していると、いろいろな言葉が出てきます。

「俺たちはあの家に四〇年住んできて、このままここで死ぬと思っとった。その家が目の前でなくなったとよ。あんたたちは一生懸命、俺たちを元気づけようと思ってるけど、この絶望をわかるとか。この後、どこに住む？　こぎゃん箱んごたる仮設住宅で死ぬことば考えると、これからどぎゃんして生きていけばよかとか」

こう言われたとき、返す言葉がありませんでした。冷静に考えたら、ほんとうにそうなんです。これから新しい家を建てても、またローンを抱えて二重負債になってしまう。だから終《つい》の棲家《すみか》はプレハブでいいと考えてる。こう話す老人たちの気持ちを思うと、辛《つら》かったですね。

僕は東京にいて、怒りを感じるんです。まず、東京にいる熊本人として不甲斐《ふがい》ないということもありますが、二カ月も経たないうちに、テレビではほとんど熊本地震について触れなくなっていったでしょう。東北の震災と比べると、明らかに早いですよ。死者の数が少ない、原発がないということはあったと思います。

でも熊本に行ったときに、「東京は遠かところね」と言われたときは辛かったです。自分に故郷に対する愛がどこまであるかわからないですけど、「俺、何やってるんだろ」と悔しくてならなかった。

この熊本の人たちの言葉や気持ちを映画にしないといけないんじゃないか、と思いました。地震の直後に被災地に入って、それでも熊本で生きる人々の気持ちを代弁するということは、実はドキュメンタリーよりフィクションのほうが有効なんじゃないかと思いました。さっき言ったように、熊本の人はカメラを向けられると、なかなか本音を言わないから。でも、フィクションなら代弁できる。

それで、今年（二〇一六年）一〇月に『うつくしいひと　サバ？』という続編を作りました。でも、決して暗い映画ではありません。震災があって、それでも熊本で生きようとする人たちのネガティブな話とポジティブな話という、二つの側面を描いています。そして、このポジティブなほうの話は、未来に向けて作ろうと思いました。

僕は神戸に何回か行ったことがあります。今、街を歩いていても、まさかあんな大火の大震災が起こった街とは思いもしない、完全に創造的復興を遂げたのが神戸です。熊本も五年後、一〇年後にはそうなってほしい。そのとき、未来の子どもたちが、過去の人たちがどん底の苦境に耐えて、踏ん張って、先へと繋げていったということを知るための、ささやかでも、その起点に立ち戻れるものを撮りたいと思いました。

失われた風景を映画で残す

行定　続編を作ろうと考えたとき、崩落に巻きこまれて熊本学園大学の学生が亡くなった阿蘇大橋に行かなければ、と思いました。地震の二カ月後ぐらいに訪れることができたのですが、地すべりで大きな爪痕のようになっており、下を向くと崩落した橋があって、橋桁がそのまま落ちている。僕は南阿蘇に住んでいるので、そこの風景は行き来の途中で何度も見ていたのに、以前はどうだったか、まったく思い出せませんでした。それくらい変わってしまっている。「これはいけない」と思いました。前作で阿蘇大橋は撮っていなかったんです。だから、あるのは自分の記憶だけ、でも、記憶ってなくなるんです。そして、記憶がなくなれば、その風景もなくなってしまう。

こういうことは、きっと歴史の中でもあると思います。西南戦争後の明治の熊本にも、僕らが今見ているようなひどい熊本の光景があったはずです。実は明治二二（一八八九）年に熊本に大震災があったそうです。でも、夏目漱石すらそのことに触れていないものだから、確実に起こったことなのに、みんな忘れている。だから、こういうことがあったんだということを、どこかに杭を打っておかないと、絶対忘れられてしまうんです。

熊本城はパート1で撮影していますから、前作と比べれば、どのぐらい変わったかわかります。美しかった「武者返し」も崩壊していて、これが本当に三〇年で元に戻るんだろうかというぐらいの壊滅状態です。今の、三六〇度どこを見ても全部倒壊しているという状態は、二度と僕らが生きている間に起こってほしくない。でも、もしかしたら、再び起こるかもしれない。この現実に起こったことを映画に映し出すことで、未来に生きる人たちと共有できることがあると思います。

そういう意味では、先ほどの歴史の話でいうと、映画の中に風景を残すことは一つの歴史を残す行為だったな、と思います。

姜　今、行定さんがおっしゃったことは私もお話ししたいと思っていました。例えば神戸のある地域の住民は、地震があった二一年前とほとんど入れ替わっているんですね。一帯はコンクリートで埋められ、地震があったことも、人の生きた証《あかし》も全部なくなってしまっています。

私は足尾《あしお》銅山や水俣《みなまた》に行ったとき、3Kという言葉が浮かびました。3Kの一つは「希釈する」。大気中に出すか、海や川に流してしまう。水俣では海に流しましたし、足尾銅山では川に流したわけですね。次は、「切り捨てる」。全体を救うということをしない。とにかくミニマムなところだけに絞り込んでいって、あとは切り捨ててしまう。そして、最後は「固める」。コンクリートで固めてしまうんです。

これらは公害の歴史で行われてきたことですが、阪神・淡路大震災や東日本大震災でも、結局同じようなことをやっているわけです。そうすると、人はどこでどんなふうに生きてきたかということをきれいさっぱり忘れてしまう。だから、三井三池炭鉱で働いていた人たちも、どこに行ったかわからない。福島でも当初は一〇万人以上の人が外に逃れていっているけれど、自分の福島での体験をなかなか口に出せない、場合によっては子どもたちも差別を受けている。

行定さんが『うつくしいひと』を撮ったのは、熊本にとっては天の配剤だったのではないかと思います。ふだんだったら県主催の映画なんて作らない人が、やっと神輿を上げて作った映画が、思わぬかたちで失われた風景を映像にとどめた。ワイドショーやニュースの映像では人々の中に残らないんです。でも、行定さんのように、映像でフィクションとして撮って、物語化したものはずっと残っていく。行定さんがいたことで、熊本の震災は、記録として残っていくのではないかと思います。

そうすると、これを全部3Kですますわけにはいかない。この映像を観れば、あそこにはこういうことがあったじゃないかということがわかるのですから、それらをきれいさっぱり流して、最後は固めてしまうということなどできません。今回の映画は、そういう意味でも、作ってよかったんじゃないかなと思います。

東日本大震災も、神戸も、中越地震も、それから普賢岳《ふげんだけ》も、そこには行定勲という人がいなかった。だから、映像化されていないし、物語がないんです。広島の原爆被害であれば、例えば井伏鱒二《いぶせますじ》の『黒い雨』という、一つの物語として語り継がれていくものがあります。何かを伝えていくためには、そういう物語が必要なのです。福島にいる人たちも、自分たちの物語を作らなきゃいけないと、みんな思っているのではないでしょうか。

オリンピックのベクトルはどこを向いているか

行定　僕は前震の起きた四月一四日には東京にいました。翌日になぜか偶然、熊本でやっている毎月一回のラジオの仕事が入っていて、普通に熊本に行ったんです。生放送だったので、「余震に気をつけてください」と何度も言いながら、普通におもしろい話をして、「みなさん、たいへんだけど、これから復興に向けてがんばりましょうね」と放送して、夜中に帰ったホテルで本震に遭いました。

不思議なことですが、もしあのとき熊本の外側にいたら、僕は何も作らなかったし、何も見いださなかったと思います。たぶん応援することしかできなかったでしょう。でも、熊本人として僕は一緒に被災した。被災という言葉を使うのは語弊がありますが、要するに怖い思いをしたわけです。それ以降、文化人として、熊本で震災に直面したということで、NHKをはじめ、いろいろな討論会や報道番組に呼ばれてしゃべっているうちに一つだけわかったことがありました。これが、先ほど言っていた故郷に対する愛なのかどうかわかりませんが、怒りばかり感じるんです。

国に対する怒りとか、世の中が進んでいって、被災した熊本の人たちがどんどん取り残されていく状況に対する怒り。これは完全に操作している、と思うくらい、メディアの興味はあっというまに熊本地震から舛添《ますぞえ》要一都知事の不正事件に変わり、その後、すぐに都知事選になりました。そんなことをやりながら国が向かっているのはどこかというと、オリンピックです。正直、すべてがオリンピックに向かって進められているかのようにすら、僕は感じました。

東北、熊本と大きな地震が二つも続いた後、オリンピックをやらないという英断もできたんじゃないかと思うんです。でも、政府はそんなことは微塵《みじん》も考えているはずがありません。実際問題、この通りの瓦礫《がれき》を早く撤去しないといけない、というような場所が山のようにあるのに、復興の進み具合は「なんでこんなに遅いの」というくらい遅い。

本当かどうかわかりませんが、オリンピックで業者が抑えられて人が足りない、資材が足りないという声が聞こえてくる。熊本を直すのはオリンピックが終わってからとでも言われているみたいに。

僕がもし外側にいたら、こういう怒りはなかったでしょう。「そうは言うけど、行定、まああ」と言うと思います。アスリートたちは純粋で、「みんなに夢や希望を与えるために、がんばります」と思っていると思います。でも、家を失った被災者たちが、小さな仮設住宅の中や、雨が降れば漏れてくるようなブルーシートに囲まれたところでオリンピックを観ている光景を思い浮かべると堪《たま》らなくなるのです。僕はオリンピックが嫌いなわけではありませんが、今の状況を見ると、オリンピックは地方再生という言葉とまったく違うベクトルで動いているんだなと思います。

姜　熊本・大分県境の下筌《しもうけ》ダムの反対運動をやっていた室原知幸さんが、「日本は大の虫を生かすために小の虫ば殺してきたとばい」「小の虫ばってん、なんとかの魂はあるけんね」と言っていたことを覚えています。結局、明治一五〇年が経って、阪神・淡路大震災、東日本大震災、熊本震災で見えてきたことは、大の虫を生かすためには小の虫は黙っとけ、ということです。これらの震災は、いわばある特定の人たちにだけ降り注いだ災厄だったけれども、今は全国民のかなりの部分が小の虫になりかねない。切り捨てられる小の虫がだんだん多くなってきているんです。オリンピックで盛り上がっているのはほとんどが首都圏で、その中でもある特定の人たちだけだと思います。

基調講演でも触れましたが、リニア中央新幹線にしても、東京、名古屋、大阪を通る。ここが日本のＧＤＰのだいたい三分の一ぐらいの地域なのだから、ここさえしっかりしておけば、あとはどうでもいい、というわけです。ＪＲの人は、「ここはＧＤＰの三分の一のところですから、絶対儲《もう》かります」と言うのですが、私は「それじゃ、あとはどうなるんですか」と聞きたかった。要するに、あとはもう野となれ山となれということでしょう。私も行定さんと同じ怒りを感じますね。

私は「イベント国家」と呼んでいるのですが、オリンピックでも万博でもとにかくイベントをやることによってカンフル剤のようにある種の一体化が進んでいく。その一体化を通じて、それが経済的にもカンフル剤となる。戦前であれば戦争が大きなイベントだったわけですが、戦後は戦争ができないので、オリンピックや万博をやるということを、日本は何度も繰り返してきたということです。

今も、二〇二〇年東京オリンピックだけではなく、名古屋ではアジア競技大会が決まり、大阪では万博を、札幌では冬季オリンピックをもう一度やろうとしていて、こういうイベント国家のような形でしか豊かさというものが作れないんだという妄信が続いています。そして一方では、そこから取り残されていく地方で、ますます怨嗟《えんさ》の声が広がっている。復興が進まない熊本の状況は、その一つの例だということです。

今日は行定さんと話しながら、いろいろな意味で近代日本を見直す手がかりのようなものが熊本にあるということが見えてきたように思います。

第五回　国民主権と天皇制——視点としての「京城」

石川健治

高齢の天皇を苦しめる「象徴としての行為」の負担。しかし、憲法が定める「国事行為」と区別された、「象徴としての行為」とはどういうカテゴリーか？　それを探る旅は、日本統治下のソウルに辿《たど》り着く。「京城帝国大学」を舞台に、法学者たちが確保しようとした第三者の視点。そこで繰り広げられた「植民地の知」の現在を語る。

〔いしかわ・けんじ〕

憲法学者。東京大学大学院法学政治学研究科・法学部教授。一九六三年生まれ。八五年、東京大学法学部を卒業後、同法学部助手に就任し、憲法学者・樋口陽一に師事。東京都立大学法学部教授等を経て、二〇〇三年より現職。「立憲デモクラシーの会」呼びかけ人の一人。著書に『自由と特権の距離』（日本評論社）、『学問／政治／憲法――連環と緊張』（編著・岩波書店）など。

（講義日　二〇一七年一月一六日）

モデレーター／姜尚中

【講演】

天皇のビデオメッセージから何を読み取るか

「国民主権と天皇制」というテーマは、直接には現在話題になっている天皇生前退位の問題を念頭に置いたものですが、今日はもう少し広い意味合いで話をしていきたいと思います。

まず、二〇一六年八月八日に公開された天皇のビデオメッセージをめぐる問題から始めましょう。このビデオメッセージで語られていることは、一言でいえば、「高齢になり、国事行為と並行して行ってきた象徴的行為の負担に耐えられない」ということでした。

「国事行為」と「象徴的行為」とは意識的に使い分けられる用語で、それぞれ語られるステータスが違います。まず、国事行為は、公職としての天皇（憲法九九条）にとっての正式な仕事で、憲法七条で次の一〇項目が列挙されています。

一、憲法改正、法律、政令及び条約を公布すること。
二、国会を召集すること。
三、衆議院を解散すること。
四、国会議員の総選挙の施行を公示すること。

五、国務大臣及び法律の定めるその他の官吏の任免並びに全権委任状及び大使及び公使の信任状を認証すること。
六、大赦、特赦、減刑、刑の執行の免除及び復権を認証すること。
七、栄典を授与すること。
八、批准書及び法律の定めるその他の外交文書を認証すること。
九、外国の大使及び公使を接受すること。
一〇、儀式を行ふこと。

言うまでもなく、天皇が国事行為として行っている国会の召集・解散、条約締結などは、法学的には「統治行為」と呼ばれる、非常に高度な政治的な局面を含んでいます。しかし、「天皇は、この憲法の定める国事に関する行為のみを行ひ、国政に関する権能を有しない」と定める憲法四条により、天皇自身は統治にかかわる権限を一切もっていません。この点で立憲君主とは一線を画します。通常の立憲君主の場合、実際には内閣の助言に従って統治権を行使するので「君臨すれども統治せず」ということになるのですが、法的には依然として統治権を一〇〇パーセント持っています。ところが日本国憲法の場合、天皇の統治権は最初から〇パーセントなのです。ここが大きな違いです。あくまで「国政に関する権能」をもつ別の機関がすでに決定した内容を、儀礼的に宣示するのが戦後の天皇の仕事で、これを憲法は「国事に関する行為」（略して「国事行為」）と呼んでいるのです。国事行為は、それ自体は国家行為の一種ですから、天皇の「機関としての地位」（機関的地位）に基づいて行われます。

国家機関としての天皇

眼の前にある個別の「人」や「物」を、「国家」という「全体」の一「部分」として捉える認識枠組みが成立することによってはじめて、目にも見えず触れることもできない「国家」が、一個の実在として立ち上がります。ここでいう「機関」は、国家の「部分」と「全体」の法的な関係をつなぎ、国家の成り立ちを認識するための枠組みです。「機関車」の機関とは違って、あくまで法的な意味合いで用いられています。

その前提にあるのは、近代以降の国家を、対外的には独立・対内的には最高の存在として捉える考え方です。政治社会の頂点にたつ絶対者・至高者に与えられるのが「主権」という形容で、近代以降の国家はまさにそれにふさわしい存在だとされます（国家主権論）。頂点はただひとつですから、主権的な国家の「権力」は単数形です。しかし、その個別具体的な現れ方、はたらきは、千変万化します。この複数形のはたらきを「作用」といいます。国家のはたらきは、権力の作用領域ごとに現れ、かつその範囲に限定されていますので、国家の「権力」そのものと区別して、「権限」とも呼ばれます。

国家を設立する際には、この作用領域をグルーピングして、権限の束としての「機関」というものをつくります。機関の行為は、権限の範囲内では、国家の行為そのものです。したがって、機関の行為によって発生した権利と義務を担うのは、機関でなく国家だということになります。権利義務が帰属する主体を「法人格」と呼びますが、法人格はあくまで国家であって機関ではありません。そして、人間以外に法人格たり得る存在を特に「法人」といいますので、国家は法人として認識されるわけです。法学的には、国家＝法人です。このように捉える法学的国家論を、「国家法人説」と呼びます。

全体としての法人は、部分としての機関を通じて活動しますが、しかし、「機関」とは厳密には「権限の束」でしかありません。法人が動くためには、機関を実際に動かす、生身の人間をリクルートしなければいけません。そのリクルートの方法については、「定款」で決めておかなくてはなりません。それに従って、多くの生身の人間が機関の地位に「就任」していきます。国家法人の場合も、全く同様です。国家法人の定款にあたるのが憲法であり、その定めに従って、ある人は、選挙による当選という要件を踏まえて、国会議員という機関に就任し、立法権という権限を担う合議体としての国会の一員になります。天皇の地位も同様です。ただこの場合は、選挙や試験ではなく世襲による就任である、という違いがあります。

また、個々の機関の意思は、それぞれが法人全体の意思とみなされるため、それぞれの機関担当者の言っていることが食い違うと、ただちに法人が法人格としての統合性を失い、多重人格化してしまいます。それを回避するために、あらゆる法人の定款には、その機関の意思こそが最終的に法人全体の意思になる、という「最高機関」の定めがおかれます。国家法人と国家機関についても、全く同様です。国家法人の多重人格化の危機はなんとしても回避しなくてはなりませんから、定款としての憲法には、必ず最高機関の定めがあります。それは、国家の分裂を防ぐための、論理的な要請なのです。

美濃部達吉《みのべたつきち》の天皇機関説というのは、少なくとも名前だけは、ご存知でしょう。これは、いままでに述べたような法学的な国家論の枠組みを、帝国と帝国憲法にあてはめたもので、要は国家法人説なのです。戦前の天皇は、戦後の「国事行為」だけを行う天皇とは違って、「統治権の総攬者《そうらんしゃ》」であり、天皇の意思が最終的な国家の意思とみなされる、という仕組みになっていましたので、これを法人説の枠組みで説明した場合、「最高機関」が天皇であることは疑いようがありません。

こうした説明が、天皇主権説との対比において、「天皇機関説」と呼ばれたのです。天皇を、ルイ一四世ばりの絶対君主と捉えるのが、天皇主権説であるのに対し、そうした君主像は日本の天皇とは懸け離れているとして、法人説の枠組みを利用し、大日本帝国という「全体」における、法的意思の特権的な表現者（「最高機関」）として天皇を位置づけたのが、天皇機関説でした。

そうした機関説の枠組みは、日本国憲法に対しても応用可能です。たしかに天皇は、戦後「最高機関」の座を降りました。戦後日本の「最高機関」は、「国民」――正確には「国家機関としての有権者団」――です。憲法四一条では、「国会」こそが「国権の最高機関」だとされていますが、これは国会中心主義に対する「政治的美称」にすぎないと考えるのが通説です。もともと天皇が握っていた統治作用については、立法権は国会に（四一条）、行政権は内閣に（六五条）、司法権は裁判所に（七六条）、それぞれ分配されました。戦争に関する天皇の権限はどの国家機関にも分配されませんでしたが（九条）、条約締結権は内閣と国会の双方に（七三条）その他外交に関する権限は内閣に分配されています。国会の召集や衆議院の解散の権限も、天皇から内閣に移されたと解されます。

憲法七条が一〇項目リストアップした国事行為は、そのようにして別の国家機関が決定したことを、儀礼的に宣示する国家作用です。国家の統治作用につきものの象徴的作用を、統治作用とは分離して取り出したものが、国事行為だといえます。そして、そうした象徴的作用をグルーピングして束にした機関が、憲法上の天皇です。憲法尊重擁護義務を「天皇又は摂政及び国務大臣、国会議員、裁判官その他の公務員」に課した憲法九九条をみると、天皇が一個の公職として捉えられていることがわかります。天皇は、最高機関の地位から降りてしまったとはいえ、依然として国家機関ではあるわけです。ここに、いわば戦後版の「天皇＝機関」説が成立します。憲法学者宮沢俊義がこれを唱えました。彼は、美濃部達吉のあとを襲った人物で、戦前戦中のいわば冬の時代を生き抜いて、東京大学で憲法を講じていました。

こうして、国事行為を行う国家機関としての「象徴」職として、憲法上の天皇を捉えた場合、そこには生身の人間が「就任」することが必要です。日本国憲法は、国会議員の地位への就任要件として「選挙制」を採用していますが、国事行為を行う機関の地位（「皇位」）については「世襲制」を採用しました。「象徴」職という特殊な役柄を遂行するためには、日本一の名家である天皇家においてのみ憲法二条は、「皇位は、世襲のものであつて、国会の議決した皇室典範の定めるところにより、これを継承する。」と定めます。そこで、国事行為を行う国家機関については、代々、天皇家の当主をリクルートするというつくり方になっている、と理解するわけです。

そのようにして描き出された「憲法上の」天皇は、いわば国事行為を行う公務員ですので、公務員としての仕事が終われば私人の立場に戻ります。「象徴」職に特有の大幅な権利制限は甘受せざるを得ないにせよ、私人としての天皇は基本的に人権を享受でき、信仰の自由も保障されます。それゆえ、宮沢が明言したように、「天皇はキリスト教信者であっても構わない」という割り切った理解になります。

「人間宣言」をめぐる二つの理解

人間が、ただ「人間である」という理由だけで保有する権利が「人権」ですから、宮沢が描き出すような、信仰の自由を人権として享受する天皇像の前提は、人間天皇です。その意味で、後に「人間宣言」として理解されることになった一九四六年元旦の詔書について、宮沢がどう受け止めたが問題になります。

それを伝える官報（号外）から引用しますと、「朕ハ爾等国民ト共ニ在リ、常ニ利害ヲ同ジウシ休戚ヲ分タント欲ス。朕ト爾等国民トノ間ノ紐帯ハ、終始相互ノ信頼ト敬愛トニ依リテ結バレ、単ナル神話ト伝説トニ依リテ生ゼルモノニ非ズ。天皇ヲ以テ現御神（あきつみかみ）トシ、且日本国民ヲ以テ他ノ民族ニ優越セル民族ニシテ、延テ世界ヲ支配スベキ運命ヲ有ストノ架空ナル観念ニ基クモノニモ非ズ」とあります。この文脈は、問題の八月八日のメッセージでも、「人々への深い信頼と敬愛」という形で、引用されているものです。現御神（現人神）としての天皇とは「架空ナル観念」であると、自ら断言しています。

この点、これを読んで特に驚かなかった、と宮沢は言います。曰《いわ》く、「われわれ、実証主義的な法学者としては、もともと神聖とか神格化という表現は、たんなる形容詞としか考えないですからね」（児島襄『史録・日本国憲法』文藝春秋、一九七二年、二〇七頁以下）。その際、念頭にあるのは、戦時中は天皇神格化の根拠条文とされていた、旧憲法第三条「天皇ハ神聖ニシテ侵スヘカラス」でした。

西欧近代の立憲君主制憲法には、必ず君主の神聖不可侵条項がおかれました。一九世紀は立憲君主制の世紀でしたから、当時の立憲主義にとって標準装備だった条文を、明治憲法は採用したにすぎないわけです。神聖不可侵（sacrosanctum）は、最高の尊厳の標識としてローマ時代以来の歴史をもつ、古典的な定式です。そこで意味されたのは、君主の無答責、つまり「政治責任」「民事責任」「刑事責任」を君主は負わない、ということに尽きていました。君主らしく特別の尊厳を維持するために、各種の責任とりわけ刑事責任を追及されて、惨めに法廷に引き出されることのないようにしているだけであって、君主の神性とは無関係です。ですから、旧憲法三条は、別に日本の天皇に特有の、現人神としての神格性を語る条文でもなんでもなく、立憲君主制につきもののありふれた規定であり、「神聖ニシテ」とは、宮沢が言うように単なる形容詞に過ぎませんでした。

その際、君主に代わって責任を負うのは、君主に輔弼《ほひつ》（助言と承認）を与えた内閣です。逆にいえば、内閣のいうがままに動くことが、正式の統治権者たる君主から各種責任を免除させるのであって、「君臨すれども統治せず」という立憲君主像は、そこから生じます。こうやってみると、天皇の神聖不可侵を定める旧三条と、「天皇の国事に関するすべての行為には、内閣の助言と承認を必要とし、内閣が、その責任を負ふ」と定める新三条の間にも、実は深い連関があることがわかりますね。日本国憲法の一条から四条は、大日本帝国憲法の一条から四条を、意識的に裏返してできているのですが、内閣の「輔弼（助言と承認）と責任」の構造を明らかにする新旧三条においても、「統治行為」を行う旧天皇と「国事行為」しかできない新天皇とが、鮮やかに対照されているわけです。

そのようにして、通時的共時的な比較のなかで日本の憲法を理解すると、天皇という憲法上の機関の地位とそこへの（人間の）就任の構造について、新旧憲法を通じた明晰《めいせき》な説明が可能であることがおわかりいただけるでしょう。

ところが、こうした法学的な説明は、一九三五年の天皇機関説事件とそれを承《う》けた二度にわたる国体明徴声明によって、公式に否定されてしまいました。かわって採用されたのが、憲法三条の神聖不可侵を、神の末裔《まつえい》である天皇が現人神として統治するという、日本民族に固有の精神の法律的表現だと捉える、国体論的見解です。美濃部達吉の講座後継者である宮沢は、文部省思想局による思想統制にさらされ続けることになり、それでも日米開戦までは、時流に抗して旧来の見解を堅持していましたが、一九四二年の『憲法略説』（岩波書店）に至って、ついに改説しました。一九四六年元旦の「人間宣言」によってはじめて、公式に旧説に復帰することが可能になったのであって、先の宮沢の言には、そうした経緯に一切言及しない点で、いくばくかの不誠実さがあることは否定できません。

これに対して、宮沢とは対照的な反応を示したのが、同じ美濃部門下で宮沢の良きライヴァルだった、東北大学の清宮四郎でした。天皇の人間宣言に接して、「不審というか、矛盾」を感じた、と彼は証言しています。「天皇は現人神だから天皇なのであって、天皇が人間になったら、これはもう天皇ではなくなるわけですから」、と（児島・前掲書）。清宮もまた、師説の機関説による説明を、天皇機関説事件後も堅持していましたが、遅くとも一九四三年の時点では、現人神天皇論に改説しています（清宮「憲法の時間的通用範域」国家学会雑誌五七巻四号、四二五頁以下）。ただ、彼が宮沢と違ったのは、時局に強いられた側面はあったとはいえ、いったんは理論的な裏付けをもって変更した自説に対する、知的廉直性でした。

「天皇が人間になったら天皇ではなくなる」という清宮のこだわりは、現人神の代替的地位を、日本国憲法のなかに発見させせました。それが、「国家機関としての地位（機関的地位）」「私人としての地位」に先行する地位としての、「象徴としての地位（象徴的地位）」でした。

物ではなく人が象徴であることの意味

どんな国であっても、基本的には「国家象徴（Staatssymbol）」というものをもっており、多くの場合、それについて憲法の初めの方に定めをおいています。普通、国家の「象徴」として用いられるのは「歌」か「旗」ですが、日本国憲法は、国旗・国歌の代わりに、天皇を「象徴」にするという選択をしたのであり、それを示すのが日本国憲法一条だ、というのが清宮の着眼点でした。

同条には、「天皇は、日本国の象徴であり日本国民統合の象徴であつて、この地位は、主権の存する日本国民の総意に基く。」とあります。国旗や国歌ではなく天皇を国家象徴とすると定めたうえでの「この地位」は、国事行為を行う「国家機関としての天皇」の地位に対して、たしかに論理的に先行しています。現人神としての神格を放棄した代わりに、国家象徴という別の象徴性を帯びているからこその「天皇」。そもそも象徴たり得るからこそ、天皇は天皇として在るという説明です。これにより、新憲法の制定により「天壌無窮の神勅による正統性」が剝奪された天皇に対して、あらためて憲法上「その存在をしっかりと位置づける」ことが可能になったわけです。

かくして、清宮説における天皇の地位（皇位）は、「象徴的地位」と「機関的地位」の二階建ての構造をもつことになりました。先回りしていえば、戦中の清宮は、天皇には「機関的地位」に先立つ「象徴的地位」があることを発見したからこそ、機関説から離脱したのでした。この「象徴的地位」の表象としてであれば、「現御神」や「現人神」の観念を導入することも、憲法解釈として受容可能だ、と考えたのだと思われます。そうした学問的選択を、わずか三年あまりの間に覆すことなど、清宮にはできませんでした。

問題は、操作可能な物ではなく、自発的意思のある人を象徴にした以上、その人が自ら動いてしまうのは、なかなか止められない、ということです。しかも、その行為が、結果として政治的象徴性を帯びる事態は、避けられません。天皇の行幸や国会開会の際の「おことば」などが、しきりに問題にされました。

宮沢は、それも機関的地位に基づく国事行為として捉えて、憲法七条一〇号にいう「儀式」として コントロールすればよい、と主張しました。しかし、清宮は、そこにいう「儀式」は天皇が主宰者であるものを想定しており、他者が主宰する公的行事において、天皇から随時に発せられる「おことば」や自発的な行為を、すべて「機関的地位」に基づく「国事行為」に含めるのには無理がある、と考えました。それらは、むしろ、人を国家象徴として採用した以上は避けられない事態であり、「象徴としての地位」それ自体に伴う行為として捉えるのが妥当だ、とされたのです。

ここに、国事行為や私的行為とは別系統の、第三の行為類型がカテゴライズされることになりました(天皇の「象徴的行為」あるいは「公的行為」)。「象徴としての地位」は、ただちに特定の国家行為につながるものではありません。国家法人における「機関的地位」が割り振られてはじめて、象徴としての天皇は国家行為を行うことができるのです。

この点、日本国憲法が、かつて天皇大権とされた国家作用を、天皇から国会・内閣・裁判所にすべて移し終えた――戦争に関する権限（旧一一～一三条）のように、どの国家機関にも分配されなかった国家作用もある（新九条）――結果、天皇に残されたのは「国事に関する行為」と呼ばれる形式的儀礼的な国家作用だけでした。それと関わりのない「象徴的行為」は、法的には国家行為としての意味をもたないのです。たとえば、俗に「皇室外交」と呼ばれるものがありますが、天皇は外交権の裏付けをもたないために、あくまでカッコつきの外交であり、単なる個人的な社交の一種でしかありません。

しかし、たとえ事実上であれ、天皇は、日本国のいろいろな精神的なるものを象徴でき、とりわけ憲法が想定している政治的な象徴性についていえば、天皇の自発的な行為におのずから政治的な機能が発生してしまう事態が考えられます。この「象徴としての行為」を、野放しにしてしまうのは問題です。そこで、憲法に明示的な規定はありませんが、清宮は憲法三条を類推適用して、象徴的行為についても「内閣の助言と承認」を必要とする、と解釈しました。これが通説となり、宮内庁筋にも採用されて、今日に至っています。

二〇一六年八月八日の「おことば」は、「即位以来、私は国事行為を行うと共に、日本国憲法下で象徴と位置づけられた天皇の望ましい在り方を、日々模索しつつ過ごして来ました」と語り、もっぱら、国事行為とは自覚的に区別された、「象徴的行為」「象徴としての行為」に照準を合わせているところに特徴があります。同年の天皇誕生日に先立ち一二月二〇日に行われた記者会見では、八月八日のビデオメッセージが、「ここ数年考えてきたこと」をあくまで「内閣とも相談しながら」表明したものであると、強調されていました。こうした一連のメッセージの論理構造を読み解くには、その下敷きになっている、清宮憲法学説を踏まえる必要があります。そのことによってはじめて、天皇のテクストの戦略的な狙いも、明らかになってきます。

摂政論の封じ込め

そうした清宮説に立脚し、国事行為ではなく「象徴的行為」の過重負担を訴えることの戦略的な狙いは、政府内に存在した摂政論の封じ込めにあります。

国事行為は、法的な意思表示なので代理が可能であり、臨時代行あるいは摂政というかたちで、代行者を置くことが想定されています。「天皇は、法律の定めるところにより、その国事に関する行為を委任することができる」（四条二項）から、国事行為については、「国事行為の臨時代行に関する法律」制定以降は、天皇自身の意思によって、代行を委任できるようになっています。さらに、「皇室典範の定めるところにより摂政を置くときは、摂政は、天皇の名でその国事に関する行為を行ふ」と定める日本国憲法五条があるため、皇室会議の議によって摂政を冊立すれば（皇室典範一六条）、天皇の意思とは無関係に、国事行為全般を摂政に代行させることが可能です。

したがって、「機関的地位」に基づく国事行為が、高齢者にとって過重負担であるのなら、天皇はいくらでも代行させることができるし、代行を委任しないまま急に体調が悪化したとしても、皇室会議で摂政を冊立すれば、国事行為はすべて代行可能です。国事行為に関する限り、高齢化は自発的な退位の理由にはなりません。たとえ人事不省になったとしても、国事行為についてては法定代行機関としての摂政がいますから、崩御の瞬間までは退位ができない現行の制度設計で、十分に対応できるのです。

ところが、国事行為とは区別された、「象徴的地位」に基づく事実上の行為については、話が別になります。「象徴的地位」は一身専属的であり、象徴としての行為は、代理・代行に親しまない行為です。憲法が摂政に代行を認めているのは国事行為だけですので、法的意味をもたない象徴行為で摂政が代行できるのは、元々の国事行為と密接不可分に結びついた事実行為がせいぜいです。たとえば、遠隔の地や島々への慰問の旅などは、まさに一身専属的であり代行できないのです。

この点、統治権の総攬者であった戦前の天皇であれば、あらゆる局面に統治権がついてまわる、いわば「歩く統治権」でした。旧憲法の一七条二項は、「摂政ハ天皇ノ名ニ於テ大権ヲ行フ」と定めていましたが、その場合の「大権」は、憲法第一章に個別にリストアップされた狭義の天皇大権に限らず、統治権全般をさすものと考えられますから、そうなると、統治権の側面における法定代行機関としての摂政は、同時に、天皇が歩くすべての局面に関与することができます。摂政による代行の範囲は、事実上、天皇の活動範囲のすべてをカバーしていたわけです。

しかし、新憲法の五条が定めた法定代行機関としての「摂政」――もはや「摂政」の体をなしていないかもしれない国家機関――では、そうはゆかないわけです。「象徴」としての役割については、天皇自らが動き続けるほかはなく、それはやがて自身の身体的限界に到達します。これは、自発的な退位のシステムを制度化しない限り解消されない、現憲法にとって宿命的な構造です。戦後初の人間天皇の高齢化と生前の退位問題とが、日本国憲法が古稀《こき》を迎える、より正確には、一九四六年元旦の「人間宣言」からちょうど七〇年、というタイミングで噴出してきたのは、偶然ではなく必然だったと思います。

そうした問題状況を踏まえて、「国事行為」ではなくあえて「象徴的行為」に照準を合わせることにより、政府内外に存在する安易な摂政論を封じ込めるとともに、新憲法下の天皇における「象徴的地位」と「機関的地位」の構造的矛盾を、浮かび上がらせる。そうした天皇の知性の高さに、テレビの前で、思わず私は舌を捲《ま》きました。正直なところ、これほど考え抜かれたものが出てくるとは、想像もしていなかったからです。

日本国憲法の天皇制における構造的矛盾

このようにして、一方で、憲法一条が「象徴」という大きな役割と地位を、天皇にのみ帰属するものとして認めながら、他方で、憲法七条がたった一〇項目の国事行為に天皇の出番を限定していることの矛盾が、明るみに出てくることになります。「象徴」としての役割の大きさに比べて、「機関」として用意された舞台が小さすぎるのです。しかも、憲法二条でいう「皇位」が、「機関的地位」である前に「象徴的地位」である、ということになると、それが世襲制として設計されており、「象徴」の役割を担う人間を必ずリクルートすることが皇室に義務づけられる、ということになります。

国民との間の「相互ノ信頼ト敬愛」のみに支えられた、「象徴」としての役割を維持するために、「機関」としての天皇に憲法が用意した舞台が小さすぎるとなると、「国事行為」だけを行っていたのでは、天皇は「象徴」ではいられなくなります。憲法が国事行為として挙げている行為は、国民に見えないところで行われるものが多く、天皇の象徴性が先細りになってゆかざるを得ない制度設計と言えます。それにもかかわらず、天皇家は、あくまで――「機関」ではなく――「象徴」を供給するように、憲法によって義務づけられている。これは日本国憲法が抱える構造的な問題です。こうした問題を、戦後早くから指摘していた憲法学者としては、戦前は京都帝国大学で戦後は東京都立大学その他で活躍した、黒田覚《くろださとる》がいます。彼は、清宮や、後述する尾高朝雄《おたかともお》と問題意識を共有する、親友でした。

黒田も指摘する通り、昭和天皇であれば、旧現人神としての個人カリスマによって、象徴性の不足を補うことができましたが、それは一代限りのことです。この制度のもとで、天皇家は、早晩行き詰まります。つまり、現在の生前退位の問題は日本国憲法本体の構造的矛盾から生まれたものなのです。そうした日本国憲法の枠組みのもとでの、天皇制の自然的な衰滅を展望して、あえて「国事行為」以外の「象徴としての行為」の可能性を否定する、深謀遠慮の立場もあるでしょう。昭和天皇の旧現人神幻想にとらわれるあまり、「象徴としての行為」に精を出す現天皇の努力を否定し、国体護持の立場にいるつもりが天皇制の自然死に加担している論者も、少なくないように思われます。八月八日のメッセージ以降の天皇退位論議においては、そのようにして左右両極の論客が、期せずして同一の見解を主張するという現象が目立ちました。

そうしたなか、現天皇が早くも即位の折に「皆さんとともに日本国憲法を守り」と述べて、日本国憲法に適合的な「象徴」としての積極的行為の可能性に、活路を見出《みいだ》そうとしたのは慧眼《けいがん》でした。次の代も、そのまた次の代も同様でなければ、天皇家は生き残れません。かねて立憲主義を尊重してきた、一人の開明的知識人としての立場だけでなく、天皇家の当主としての立場からいっても、そうでなければならなかったでしょう。日本国憲法の統治システムを前提にした、政治的中道の天皇論のめざす方向もまた、そこをめざすことになるのではないかと考えます。

もう一歩踏み込んでいえば、「象徴的地位」と「機関的地位」の矛盾のなかで、立憲主義の「象徴」としての役割に活路を見出す天皇の姿は、現在の日本の統治システムの陰画像だということです。日本国憲法のいわばポジにあたる「議院内閣制」は、「機関的地位」の水準でいえば、天皇から統治に関する作用をすべて抜き取り、基本的にはそれを内閣に振り分けて出来たシステムであり、その延長線上に今の安倍内閣のパフォーマンスがあるわけです。それが「政治の矩《のり》」を踏み外して非立憲化しつつある今日、バランサーとして浮上したのが、日本国憲法に適合的な「象徴的地位」を半生かけて追求してこられた現天皇であるというのも、偶然ではない。それぞれが、日本国憲法に元々内在していたシステムの現れであるかもしれないのです。地方分権か大統領制かといった類の、憲法改正による統治機構改革を考える際にも、この天皇の問題を避けて通るわけにはゆかないことは、おわかりいただけるでしょう。

尾高朝雄というキーパーソン

もっとも、八月八日の天皇メッセージの理論的支柱になっていた清宮四郎も、宮沢と同じく美濃部達吉門下であり、本来は天皇機関説の立場をとっていました。首都東京にあって、戦前戦後の時局の中で右往左往した記録が、克明に残っている宮沢と異なって、日米開戦直前まで、現在のソウルにあった京城帝国大学で教えていた清宮の天皇論の変遷については、あまり知られていませんでした。しかし、近年、新資料の発見により、清宮が天皇機関説事件の衝撃をいかにして乗り切ろうとしたかが、明らかになりつつあります（石川健治「象徴・代表・機関」全国憲法研究会編『日本国憲法の継承と発展』三省堂、二〇一五年、一七〇頁以下）。

今日のタイトルに「京城」という言葉が登場するのは、そうした京城帝国大学における学問が、「象徴的行為」に着目する現天皇の論理構成と抜きがたい関係にあるからです。この関係を説明するにあたり、京城学派の中心人物だった、法哲学者・尾高朝雄は非常に重要です。尾高は、東京帝国大学で宮沢や清宮の同級生でしたが、清宮と前後して京城帝国大学に赴任し、「京城」を日本の理論法学のメッカにすべく切磋琢磨《せっさたくま》するなかで、清宮憲法学の形成過程に決定的な影響を与えました。清宮は、一九四一年秋に京城を去って仙台の東北帝国大学に移りましたが、尾高も、終戦直前の一九四四年に東京帝国大学に移り、戦後は東大の法哲学者として活躍することになります。

ちなみに、いまも普通に用いた「法哲学」という言葉をつくったのは、実はこの清宮と尾高のコンビで、彼らがハンス・ケルゼンの『一般国家学』を訳す過程で、それは生み出されました。この訳業は非常に大規模な仕事で、尾高が音頭を取った京城帝国大学法文学部総出のプロジェクトとして進められましたが、そのなかで文責をもつ訳者としてクレジットされている清宮は、翻訳の厳密性に徹底的にこだわりました。ドイツ語で法を意味するRechtと哲学を意味するPhilosophieの合成語であるRechtsphilosophieについても、構成要素となる日独の単語の正確な一対一対応を重視して、「法哲学」という訳語を考えました。当時、「法理学」あるいは「法律哲学」と訳すのが普通であったのですが、そうやって清宮は、当時存在していなかった「法哲学」という言葉をつくったのです。同僚の尾高は、大いに感心し、彼が「法哲学」という語を用いたことで、この言葉は一般に普及してゆきます。このエピソードが示すように、二人の協力影響関係はきわめて密接で、公私共に非常に深い関係にありました。

二人が相次いで師事したハンス・ケルゼンは、かつてのオーストリア＝ハンガリー二重帝国の帝都ウィーンを根城に、国際的に影響力を発揮した公法学者で、日本でも大変に人気がありました。多民族国家・多言語国家・多宗教国家だったハプスブルク家の老帝国を、分裂させずに成り立たせていたのは、法秩序の一体性でしたが、それは、信仰や言語、文化などいろいろな意味合いを帯びている多元的社会を、最後の最後で一個の国家として成り立たせているのは「法」である、という認識をもたらしました。

ケルゼンは、基本的統治権の所在を定める法規範を「根本規範」と呼び、それを頂点とする段階構造をなす「法秩序」という眼鏡を通じて、社会や国家を読み解こうとしました。それは、現実の法秩序の外側に、支配者にも被支配者にもコミットしない、「根本規範」という第三者的視座を光源として、支配者・被支配者の双方を法秩序という共通の枠組みから解読するという仕方で、国家・法・憲法を叙述しようとしたわけです。

清宮の場合も、ケルゼンに倣って、憲法秩序に関する、経験に先立つ認識枠組みの発見に努めました。まずは、朝鮮総督府の立場からも朝鮮民族の立場からも自由な「根本規範」の場所を、仮設的に確保しようとしましたが、時局が悪化するなかで、明治大帝の欽定《きんてい》にかかる「大日本帝国憲法」に立て籠もって、塹壕戦《ざんごうせん》を戦う道を選びます。すなわち、「大日本帝国ハ万世一系ノ天皇之ヲ統治ス」と定める旧憲法一条を、たまたま法典としての大日本帝国憲法のなかに鎮座しているが、本来は帝国における基本的統治権を究極的に基礎づける「根本規範」であるものと捉えました。そして明治天皇すらも、日本の伝統に根ざした「万世一系の天皇」の統治という「根本規範」から、憲法制定権を授権されてはじめて、大日本帝国憲法を制定し得たのだ、というふうに説明して、いったんは体制にコミットしつつも、現実の権力の背後にあってそれを枠づける、「法」の場所を確保しようとしたのです。

立て籠もる塹壕をもたない法哲学者の尾高は、より積極的に政治戦の前線にうって出ました。

そのなかでも、法をつくる政治の背後に、それを枠づける「政治の矩」を発見しようと努力し、憲法秩序に内在する清宮流「根本規範」の背後に、「根本法」を確保しようと企てました。尾高と清宮の学問は、ときに対立しながらも、お互いがお互いを補いあう関係にありました。清宮が、天皇について「現人神」の観念を受け容《い》れたのも、「機関」論を超える尾高の理論的基礎付けを共有したからです。この二人が、戦前戦後の断絶を強調する親友・宮沢に対して、理論的一貫性を誇示しながらの論争を挑むことになります。尾高は守勢にまわったが、清宮は通説を形成し、今次の天皇メッセージに刻印を残しました。

尾高が貫いた「矩」と「信」

まず尾高の足跡をたどっていきましょう。東京帝国大学卒業後、尾高は京都帝国大学大学院に転じ、米田庄太郎という、事実上、日本で最初の本格的な社会学者だといってよい人物に師事します。米田がすぐに退官した後、次の指導教授となったのはあの西田幾多郎ですから、尾高はいわゆる京都学派の哲学の一員であると言えるでしょう。

社会学徒としての尾高が最初に書いたのは、「原始信仰の社会統制作用」という未公刊の論文でした。原始信仰における、トーテム崇拝やタブーなどがもつ社会統制作用の、発生論的研究です。フロイトの名著に『トーテムとタブー』というのがありますが、ああいう問題群について、フロイトの方法を批判しつつ、デュルケームの社会学的方法に依拠してアプローチする、という基調の論文だといったら、おわかりになるでしょうか。本論自体は、あくまで発生論的研究ですが、結論においては、その背後にある「普遍的理念についても会得することができる」として、今後の研究プログラムが語られています。そこでのキーワードは「矩」と「信」であり、「信仰は社会の経であり規範は社会の緯である」と述べた上で、「歴史は信と矩とを経緯とする堅確なる社会態容の裡にその歩みを進めるであろう。正しき文化の建設はその時代に於てのみ期待し得べきである」と述べられています。このふたつのコンセプトは、尾高法哲学を終生貫いた問題意識であり。後に尾高の代名詞のひとつになる「政治の矩」は、暗黙のうちに、「政治の信」と深いところで呼応するものであったと考えられます。

尾高はまず、オーストリアのウィーンでケルゼンに学んだ後、ドイツのフライブルクにいたフッサールのところで修業をし、アルフレート・シュッツとともに、現象学的社会学を除幕して、京城に戻ってきます。その際、彼が着目したのは、法律の前提としての「信仰と規範」をつなぎ、社会を成り立たせている、より構成的なルールの存在です。そこに迫る鍵を握っていると見られたのが、哲学者のエトムント・フッサールの創始にかかる現象学であり、尾高は彼に師事することになります。

こうした修業の結果、社会に内在しており、しかも社会におけるすべてのゲームのルールになっているような、そうした構成的なルールを尾高は追求しようとします。社会を意味づけ、解釈する図式は法だけであるとしたケルゼンに対し、むしろ社会を意味づけるルールや仕組みのようなものがまず社会に存在しており、その意味づけは法だけにとどまらず文化的なものにまで開かれる、と考えたのです。

そうした、法や社会や文化を意味づける、より豊かな解釈図式を、尾高は現象学的社会学を動員して開発し、それによって社会や国家を解明しようとしました。尾高が奉職したのは京城帝国大学法文学部の法学系で、社会学ではなく法理学講座を担当することになったこともあり、研究の力点は「信」よりも「矩」におかれることになりました。留学前に作成した最初の講義案では、キリストの信仰に依拠して、神によって時代や社会を超越した規範があらかじめビルトインされていると考える自然法論は、実在国家に内在する理念を解明しようとしておらず、法哲学の名に値しないとして退けられています。

社会学から出た尾高法哲学は、社会団体の基礎にある社会関係の類型如何《いかん》で、正義のかたちは変わってくる、ということを強調する立場でした。個人主義の時代の個人の正義と、団体主義の時代の団体の正義とはそれぞれ違ったものであり、さらに団体の基礎構造によっても正義は類型的に変わってくる、という発想です。それは、非常に現実的であるとともに、常に時代に棹《さお》さした学問であって、時流から超越した立場を守ることのできる自然法論に比べると、危険な立場であったとは言えるでしょう。

　そうした尾高の視点は、ケルゼン派の立場からすれば、第三者的な超越的な視点であるはずの根本規範を、社会内在的な規範の観点から説明するもので、師説の歪曲《わいきょく》としか言いようがないものです。けれども、ケルゼンだけに学んだ人とは違う学問を尾高は追求していたのであり、しかも同様の問題意識は、ウィーンで交流した同世代の社会学者には、広く共有されていたものでした。

　京城帝国大学に赴任した尾高は、そうしたドイツでの研究成果を踏まえて、一九三六年に『国家構造論』（岩波書店）という本を出します。尾高の幸運は、彼の理解者がごく身近なところにも、いたことでした。同じくケルゼンに師事しながらも、ウィーンで接触したハンガリー法学派の影響で社会規範に定礎した法理論を企て、現象学と新ヘーゲル学派に手がかりを求めようとしていた憲法学者、清宮四郎その人です。

　同時代の内地では、天皇機関説事件の嵐が吹き荒れており、同級の宮沢俊義はその渦中で苦悩していました。しかし、当時の朝鮮総督だった宇垣一成《うがきかずしげ》は、京城帝国大学を嵐から守ったため、尾高や清宮たちは東京からの思想統制が及ばない、植民地の人工的空間の中で華々しく学問を展開してゆくことになります。京城という場所は、内地からみて、日本の辺境であったわけですが、清宮や尾高は、辺境にいたからこそ、逆に国家とは何であるかということを真剣に考える切実さを、もつことができました。

京城の若き研究者たちは、シベリア鉄道によって、ヨーロッパの学界と地続きであるという意識をもち、常にヨーロッパに通用する学問をめざす一方で、なぜ自分はここにいるのか、なぜ朝鮮人の上に立っているのかを、必然的に考えざるを得ない立場にいました。内地においては直観的に語られる天皇論も、ヨーロッパの同僚に、そして何よりも、被支配者の朝鮮民族に説明可能な言語で、論理的に構築されなくてはなりませんでした。

「意味的全体性」と「象徴」

尾高は『国家構造論』の中で、国家が国家として成り立つためには、なぜそこに国家があるのか、その国家の意味それ自体があらかじめ捕捉され、あるいは把握されていなければならない、ということを述べています。これは「意味的全体性」という観念であり、国家には法だけではない意味的な全体性というものがあるという議論を通して、彼は国家の構造を解明しようとしました。たとえば、まず日本という意味的全体性が先行して成立し、その部分としての日本人として位置づけられることによって、われわれは初めて日本人になっているのではないか、というのが尾高の論点でした。

意味それ自体は、フッサールのいう「範疇的直観《はんちゅうてき》」によって把握可能なはずですが、実際上は、「全体としての意味」をそれとして体現する「体現者」、つまり「象徴」の存在によってはじめて、容易に把捉されることになります。立憲君主制において、「国家的全体を体現すべく意味づけられた事実人」は、君主です。一般論として書かれていますが、これを大日本帝国に当てはめるなら、天皇になるのは当然です。

また、一般論として書かれてはいますが、「意味的全体性」という視点は、自らが日本の辺境にいて、しかもその辺境において支配民族である、という意味合いを一身に受け止めた人の議論です。部分としての支配者も、部分としての被支配者も、ともに共有された「意味的全体性」があってこそ、だというわけです。そして、それを体現する存在としてのみ天皇がいるのであり、専制的な支配者としてではない。天皇によって象徴される「全体としての意味」は、被支配民族である朝鮮民族をも照らしている——と、噛《か》んで含めるように説明しているわけです。ちなみに、尾高の弟である社会学者・尾高邦雄の岳父であった和辻哲郎は、『国家構造論』を寄贈されて、この議論に早くから着目しています。和辻自身の国民道徳論と相俟《あいま》って、「意味的全体性」は和辻の戦後天皇論にとっての鍵概念となっていきます。

その際、先程出てきた「信」と「矩」というキーワードで言うと、一方には、天皇信仰を中心にした「信仰の政治」が成り立たせる、「信」中心の「意味的全体性」があります。しかし、他方では、政治のなかに「矩」という規範を与えることにも、こだわり続けている。それらの背後にあるのは、この両者がいかに社会を有効に統制するかという問題意識です。とりわけ、日本の支配に激しく反発する朝鮮民族の民族精神に対して、「社会統制」をいかに穏健に行うかということを、尾高は常に考えていました。やがて尾高は、一般論として立てたこの議論を、実地に移していかざるを得ない立場に立たされてゆきます。

立憲主義復活への模索

一九四一年九月、京城帝国大学での研究会で、尾高は「統治権の主体と客体」という報告を行っています。これは、東北帝国大学への移籍が決まっていた畏友・清宮への手向けとして、用意されたものです。尾高はこの報告の中で、一九三五年の天皇機関説事件以降、憲法学は政治的に圧迫されて萎縮していると指摘し、「かかる状態は学問的にも国家的にも不健全であり、その理論的解決がなんとか試みられなくてはならぬ」と述べています。

法学的国家論としての法人説＝機関説に対する、曲解と捏造《ねつぞう》に基づくバッシングをきっかけとして、立憲主義の標準学説だった美濃部憲法学は、権力的にパージされました。幸いにして、宇垣一成朝鮮総督が内地の政治的策謀に取り合わず、清宮ら京城学派の憲法学は守られましたが、日本の憲法学から立憲主義が次第に失われていったわけです。

その代わりに盛んになったのは天皇主権説ですが、そこにいう主権は絶対者の形容であり、君主主権は絶対君主と同義です。天皇主権説が描き出す天皇は、ルイ一四世の時代の絶対君主を原像としたもので、実は常識的な天皇像からはかけ離れていました。主権国家という団体のもとで、君民が一体となって共に治めるというあり方を説明できる点で、国家法人説の方がむしろ国体に適合的だというのが、美濃部のかねてよりの言い分でした。

しかし、右翼の圧力に内閣と文部省が折れ、とにかく日本の国体は天皇主権でないといけない、ということになっていったのです。既存の法にしばられない絶対者の存在を想定する、主権説的な天皇論と、君主もまた憲法のもとにあると考える立憲主義とは、相和さない関係にありますから、後者を応援した国家法人説（天皇機関説）が権力的に否定されて、せっかく育ちかけた日本の立憲主義は立ち枯れてしまったわけです。

こうした状況の下、尾高の「統治権の主体と客体」は、天皇機関説でない方法で立憲主義を成り立たせる議論は可能である、と清宮を励ますものでした。尾高は、美濃部のように国家が主権者だと考えるのは、「不正確」であると指摘しました。そこには、国家そのものと、国家における「全体」との混同がある、というのです。尾高は、国家を「全体」と「部分」に分けた上で、この「全体」は、大日本帝国が何であるかを意味づけ、帝国を帝国として成り立たせている、「意味的全体性」として成立している、と捉えました。

その一方で、「主権者は国家である」という国家法人説の議論の枠組みを少しずらして、主権的なるものがあるとすれば、この「意味的全体性」の構造である、と主張しました。もちろん、「意味的全体性」というものは勝手に成り立つのではなく、そうした「全体」を「全体」として体現する、「体現者」の存在が必要ですが、日本において、「体現者」の役割を一貫して担ってきたのは、天皇でした。だから、天皇自身は主権者ではなく、「意味的全体性」の体現者として説明するのが正確だ、としたのです。

そして尾高は、天皇が体現する「意味的全体性」の中に、「政治の矩」があると言ったわけです。戦時中は、これを「根本法」と言い換えていたこともあり、戦後は、ギリシア語で「ノモス」と表現することになりました。

他方で、国家の「部分」とは、国民ひとりひとりの「個人活動」を指します。人間の体と同じで、国家という「全体」が輝くためには、「部分」である国民それぞれが、いまよりももっと「自己経営」の余地が認められ、「自治」的に生き生きと活躍していなければいけません。安倍政権が打ち出した「一億総活躍社会」にもつながる論旨です。そのためにも、「自由権」の保障が重要であると強調して、かつての美濃部説への復帰を主張しています。

ただ注意しておきたいのは、尾高のこの議論では、個人はあくまで国家の「部分」としてしか活躍することしかできない、ということです。一九三五年以前の議論では、国家とは関わり合いのない、完全な一個の全体性として国民が生きる自由を確保するところに、自由権論の重要なポイントがあったのに対し、国家と無関係に生きるということはもはやできないというところが、尾高の議論の大きな限界であったと言えます。

とはいえ、この時代にとにかく「自由権」の居場所を確保するというだけでも、「よくやった」という話であるのかもしれません。「矩」という、社会を成り立たせている構成的規則の場所を確保して、政治の暴虐を抑え立憲主義の再構築を図ろうとしたという点で、フッサールに師事し、現象学的社会学を拓《ひら》いた尾高の視点が、ここに見事に生かされていると思います。こうした思索を踏まえて、尾高は、現在でも名著として知られる法哲学の書であり、国家論の書としても重要な、『実定法秩序論』(岩波書店、一九四二年)を著しています。これはまさに、「矩」の意味構造を体系的に叙述したもので、内地からは見えにくい尾高の京城での活動の集大成にほかなりません。

この論旨は、「あらためて天皇機関説を検討してみても特に否定すべき理由は見いだせない。さればといって公然と支持することは許されない」と懊悩《おうのう》していた清宮に、大いに響いたはずです。尾高の手向けに励まされた清宮が、移籍後の仙台において、「現人神」天皇論に乗り換え、なおかつ、それを戦後も形を変えて堅持しようとしたのには、理由があったわけです。あまり気づかれていませんが、戦後日本において宮沢憲法学に対抗して打ち出された、尾高の「ノモス主権」論と清宮の「天皇の象徴的行為」論には、朝鮮半島を舞台にした深い連関があったということになります。

天皇について、「意味的全体性」の「体現者」あるいは「象徴」という水準での役割を発見した尾高の議論は、「機関的地位」に先立つ「象徴的地位」の存在を基礎づけるものでもありましたが、やっかいなのは、天皇が「矩」の体現者であると同時に「信」の体現者でもある、という点です。この議論は、「意味的全体性の体現者」としての天皇の役割を位置づけるために、あえて「現人神」という表象を用いることにも、積極的な意義を見出してゆきます（尾高「国家哲学」『岩波講座　倫理学第7冊』岩波書店、一九四一年、八七頁以下）。

論文「国家哲学」は、「国家の要務たる防衛の必要が、現実の戦争にまで進展して行った場合、統一なき国家は敗退し、最後まで強大な求心組織を維持し得る国家が勝利者となる」という情勢認識の下に、「『信仰』の政治」による国民統合の強化を強調し、旧憲法三条について、天皇機関説が採った「合理主義の解釈」は放棄すべきだと説いています。「大日本が神国であり、天皇が神の御裔として連綿たる皇統を継がせ給うということは、確乎《かっこ》不動の国民信仰である。天皇は、『人格』を以《もっ》て統治せらるるにあらずして、『神格』を以て統治の大権を総攬し給う『現御神』である。帝国憲法第三条に、『天皇ハ神聖ニシテ侵スヘカラス』と規定されているのは、此の意味を現している」と。

これは、一見すると時局迎合的な天皇言説そのものであり、「信」による社会統制にのみ奉仕しているとも見られましょう。しかし、尾高の主観においては、政治の「矩」を確保するという意図がなかったわけではない。こうした尾高の見解は、宮沢俊義や清宮四郎といった親友に、おそらく強い影響を与えました。宮沢が太平洋戦争開戦の年である一九四一年に著した『憲法略説』旧憲法三条解説には、瓜二《うりふた》つの表現が見られます。そして、清宮もまた、この見解に説得された可能性が高いと考えられます。

意味的全体性という「矩」によって立憲主義を回復しようとした一方、「天皇は現人神である」ということを強調し、三条は国体の側から解釈すべきであるという尾高の解釈は、当時の時局が許す範囲で立憲主義の将来をひらく一方で、かつての形の立憲主義憲法学に引導を渡すものでもあったのです。

天皇の「信」と植民地支配

尾高は、天皇が体現する「矩」を確保することにより、軌道から外れない朝鮮総督府の統治を実現しようとしましたが、天皇が体現する「信」についても、朝鮮民族を従わせるための有効な社会統制ツールだと尾高は考えました。一九四〇年代の尾高の視点は、社会統制を行うための「信仰の政治」へと軸足が移っていきます。そうした過程で、尾高は朝鮮総督府の統治に次第に深くコミットし、そのイデオローグになっていくのです。

朝鮮総督府肝いりで開かれた大講演会に、尾高は主要な演者として招かれます。会場となった扶余は百済の首都だったところで、もちろん意図的な選定です。その内容は、一九四一年に出版された『国体の本義と内鮮一体』に、そのまま収録されています。「内鮮一体」とは、朝鮮民族を同化するためのスローガンでしたが、とりわけこの時期は、皇国臣民としての朝鮮民族の同一化を目指す「皇民化運動」に力が入っていました。その目玉政策が創氏改名であったことは言うまでもありません。

その際、彼がしきりに強調したのは、日本という国はもともと多民族国家である、ということでした。古代史において、蝦夷と呼ばれた東北人はアイヌ民族だったであろうし、薩摩《さつま》の隼《はや》人《と》はマレー系だったであろう、そんな彼らが結束を高めて、いまや日本国という一体をつくっているのは、まさに「意味的全体性の体現者」としての天皇という装置があったがゆえだ、というのです。

今や日本は、この装置のもとで、北海道から沖縄まで一体になっているのであり、朝鮮半島もいずれ絶対にそうなる、という説明が果たして朝鮮民族に受け容れられるか、という疑問は、そこには示されていません。良心的な植民者であった尾高は、それが朝鮮人のために良いことだと考えていたわけですが、尾高の議論が、このような植民地統治の構造の一端を正当化する側面を持っていたというのは大事な点であると思います。

内地では直観的直情的に説明される天皇論を、尾高は、『実定法秩序論』や「国家哲学」を踏まえて、論理的に納得できる形で提示しようと努めています。皇民化とは、強制的な民族浄化の試みではなく、天皇が体現する「意味的全体性」のもとに共に参与することなのであって、まさにそうした意味づけのためにこそ、創氏改名は正当化されます。もちろん、尾高は、良心的な植民者として、朝鮮民族に意味を付与すべく、良かれと思って説いているのですが、日本名を付与することによって彼らの意味が剝奪される可能性には、全く考えが及んでいないようです。ここにおられる姜尚中さんは、そうした歴史を背負わされた方であることを思い、私はそうした学説のあり方について深く考え込まざるを得ません。

戦後、「国体」は変更されたのか

ここまで、京城において尾高や清宮たちがこうした議論を行うに至ったプロセスをお話ししてきましたが、この彼らの議論が、戦後の日本に還流してくるという構造になっていくわけです。

手短にお話しすると、日本国憲法には上諭という部分があり、明治憲法の改正手続き上、ここでの主語は「朕」、天皇になっています。しかし、その後に前文が出てきて、ここでは「日本国民は」が主語になる。この矛盾をどう捉えるか。

これにはふたつの立場があり、ひとつは、「朕」が依然として主語であることに着目して、新旧憲法の連続性を強調する立場です。欽定憲法だから日本国憲法体制に服従するという理屈になります。しかし、他方で、新旧憲法の断絶性をそこに発見して、新しく生まれ変わった「日本国民」を主語とする憲法だからそれに従いたい、という人々もいる。ちなみに、自民党の改憲草案では、前文の主語を「日本国は」に変えようとしていますが、この主語をめぐる問題は、国論を二分するような論点になりかねません。

どちらに軸足を置くべきなのか、日本国憲法自体は、必ずしも態度をはっきりさせていません。そこで、一九四五年から一九四七年にかけて、それをどう説明するかという問題が起こってきます。そのひとつの局面が、天皇の「人間宣言」の解釈でしたが、最大の焦点は、戦前と戦後の法的な連続性の断絶があったのかどうか、つまり、いわゆる国体が変更されたのかどうかでした。

「人間宣言」について、本来の「実証主義」「合理主義」の立場に戻るという選択をしたドライな宮沢は、新旧憲法の間に断絶があるということを、躊躇《ちゅうちょ》なく正面から認めました。その不連続点は一九四五年八月一五日にあり、法学の眼鏡で見ると「これは革命である」と説明したわけです。「革命」という言葉から、みなさんが何をイメージされるかわかりませんが、法学というのは非常に味気ない学問で、法学の眼鏡をかけると法秩序しか見えてきません。それ以外のものが見えてきたら、学問的方法として不純であるということになります。「革命」であるか否かも、法秩序の連続性が途切れたかどうかということだけから、判断されます。ポツダム宣言を受諾したことにより、連続性は切断されたと認識できれば、それは「革命」なのです。

これに対して、宮沢のようなドライな考え方を簡単にはとれない、という問題提起を行ったのが尾高でした。『実定法秩序論』では、「国体のロゴス面を捉えて、これを国家存立のエトスともパトスとも矛盾しないような仕方で客観的に窮明すること」を、現代の国法学または憲法学の急務と説いていました。宮沢流のドライな「ロゴス」の解明は、国家存立の「エトス」や「パトス」と矛盾している、というわけです。後に本にもなる「国民主権と天皇制」という論文で、尾高は、宮沢の意味で法的な断絶性があることは認めつつも、「日本人がよほどの軽薄な国民でないかぎり、今日となってはかえって黙して語らない国民精神の底流に、二千年来の伝統と考えられている国家組織の根本性格をここで全く変えてしまうことに対する、無言の反《はん》撥《ぱつ》がひそんでいることも、充分に考慮して置かなければならない」と述べて、国民感情ないしパトスの観点から異論を唱えます。

「国民感情」という言葉は現在の朝鮮半島においてキーワードになっていますが、こうした国民感情を放っておくと痛切な反発が起こる、と尾高が考えた際に、三・一独立運動という激しい民族的反発の経験が念頭におかれていたことは明らかであり、京城にいたからこその生々しい実感だったと言えるでしょう。

ここで尾高は、「意味的全体性の体現者としての天皇」という、戦前・戦中と同じ議論を提起しています。そして、戦前、天皇主権論に対抗したのとちょうど裏返しで、戦後は、宮沢の国民主権論に対抗するという図式になっていることには、注意する必要があります。

主権者は「意味的全体性」――これを「ノモス」と呼んだ――だという尾高の議論に対し、宮沢は「それでは戦前戦後の断絶性が曖昧になってしまう」と反論し、主権者というものがあるとすればそれは憲法制定権力であり、ポツダム宣言の受諾によって憲法制定権者が天皇から国民に移動したのだから、新しい憲法は国民主権の民定憲法である、と強調しました。

尾高は、〈国民主権のもとでの「数の政治」〉・対・〈ノモス主権のもとでの「理の政治」〉という定式を用いて、宮沢に対抗しましたが、尾高自身が「まだ四合目だ」と認めた段階で、論争の矛を収めてしまいます。そのため、主権論ということでは宮沢が勝ったような印象になっていますが、宮沢本人も必ずしも与《くみ》していなかった「数の政治」という考え方に追い込まれていった点を考えると、日本国憲法の枠組みとしてどちらが説明能力が高いのかを決めることは、難しいと言えます。

両者を比較してみると、宮沢説は、全体として、昭和天皇という旧現人神の保持している象徴作用が暴走しないよう、それを封じ込めようとするものであるのに対して、尾高説は、戦前戦後を一貫して、象徴にふさわしい場所を天皇に与えるという議論であった、といえるでしょう。宮沢との対抗では、ひどく保守的に見える局面もありますが、尾高自身は、京城帝国大学の同僚だったローマ法学者船田享二《ふなだきようじ》が指導する国民協同党を、資本主義でも社会主義でもない第三の道としての「協同主義」を追求する中道政党として支援しており、「ノモス主権」論とは、政治的には「中道の天皇論」であったことには、注意しておきたいと思います。

「京城」の視点から見えてくるもの

そうした論争の系列において、おそらく最後に勝ったのは、はじめに紹介した清宮四郎の説だったということになるでしょうか。清宮は、尾高説をアレンジするかたちで、「意味的全体性の体現者としての天皇」の位置を、戦後の新しい憲法における「象徴的地位」として確保することに成功しました。力の政治が吹き荒れる中で、立憲主義を再度回復するために、かつて京城の地で、尾高と共に強固につくりあげた学説は、清宮にとって弊履のように捨てるわけにはいかないものだったのです。

最初にお話ししたように、二〇一六年八月八日の天皇のビデオメッセージは、一九四五年から一九四七年にかけての日本国憲法をめぐるこれらの議論が、再び噴出する形で受け止められています。そして、天皇の持っている地位と作用の問題を考えるにあたり、まさに京城という視点が再度浮かび上がってくると言えるのです。

この点で、尾高・清宮的に言えば、今回クローズアップされた天皇の作用には「矩」に大きく寄与する側面があるわけですが、その一方で、「信」の側面に大きく寄与する側面もあるということを忘れてはいけません。そして先程申し上げたように、「信」の側面は、尾高が朝鮮総督府の支配への関与に軸足を移すきっかけになった論点であり、とりわけ被支配民族からその意味を剝奪する議論でもありました。

現在、天皇の「信」の側面は、憲法二〇条及び八九条の政教分離条項で封じ込められています。しかし、天皇は依然として立憲主義の「矩」にとどまらない力を秘めた存在であり、この問題は消えているわけではありません。今後、この歯止めとなっている憲法の条文が改憲論によって破壊されないようにするということは、とりわけ重要なことのように思われます。

そして、自民党改憲案が、この政教分離を緩和しようとしていることには、あらためて注意が必要です。現在のところ、安倍政権の「非立憲」性と天皇が維持する「政治の矩」とが対抗しているように見えますが、安倍政権が持っているもうひとつの側面である、かつての「信仰の政治」との連続性が、何らかの形で天皇の「信」の側面と連動しないかどうかという問題は、依然として残っていることを最後に指摘して、本日の拙い話を閉じたいと思います。

【Q＆A】

姜　今回の講義では、単に護憲か改憲かという領域を超えて、日本国憲法が持つある種の矛盾である、機関と象徴という問題の深さを改めて考えさせられました。

ひとつ、象徴に関わることでうかがいたいのは、王政における「政治的身体」と「自然的身体」について論じたカントロヴィチの『王の二つの身体』ではありませんが、象徴はエターナルでないといけないと同時に生身の自然人としての天皇がいるという点についてです。僕はたまたま長崎で天皇のビデオメッセージを聞きましたが、そのときに感じたのは、天皇は象徴と機関という、ふたつのヤーヌスのような側面をもった日本国憲法の天皇という立場の中で、非常に率直に自然人として話されたのではないかということでした。

天皇の自然人の面にスポットを当てた奥平康弘《おくだいらやすひろ》先生の『「萬世一系」の研究』で、天皇及びその家族に、自分たちが持っている特権を放棄すること、それはつまり自然人になるということだと思いますが、脱出の権利（right to exit）を認めるべきだ、と述べられています。その点も含め、尾高・清宮説において、意味的全体性を体現する象徴が生身の体を持った自然人であるということについては、どのように考えられていたのでしょうか。

石川　まず、「脱出する権利」をどう確保するかという問題についてお話ししたいと思います。

西欧の王室法の議論では「退位」はつきものでした。とりわけ立憲主義的な憲法学者が施す憲法上の王室論においては、二四時間常時君主でいないといけない君主の負担はあまりにも重すぎることが注意されます。そこで、まずは就任するときに、フィクショナルであれ自由意思がなければいけないし、その裏返しとして、退位の自由があって初めて成り立つ職であると説明されるわけです。その意味では、即位のときに自由を捨てる意思と、辞める際の自由意思とが、ペアになっているわけで、「脱出する自由」がない制度設計は立憲主義ではない、という議論になる。

しかし、現状の制度設計上、退位の自由をとっていないということになると、その自由を回復するためには、憲法改正の必要性が浮上します。ただ、日本国憲法の巧妙さは、世襲制の皇室が天皇を必ずリクルートすることを要求しているだけで、あとは皇室典範にゆだねており、それが皇室の特権的存在を認めることの根拠にもなっている、というところにあります。そうであれば、皇室典範の改正で足りるという話になります。その場合に、奥平先生のような立憲主義の観点から言えば、その皇室典範の中に退位の自由を盛り込まないと、つじつまがあわないわけです。

次に、尾高や清宮が退位の自由についてどう考えていたかという点ですが、まず清宮先生は明らかに退位の自由を考えておられました。たとえば、象徴というのは「一般的・恒常的な地位だ」と強調しているのは、明らかに先程述べたドイツにおける文脈を念頭に置いておられるわけで、「一般的・恒常的な地位」と「退位の自由」はペアになっているべきだ、ということを言外に言っているわけです。また、断言はしていませんが、退位してもいいのではないかということを書いている文献もありますので、清宮先生は一貫して退位論者だったと言えるのではないかと思います。一方、尾高先生が退位の自由について書いた形跡はありません。

尾高と異なり、清宮は、よくも悪くも朝鮮総督府の統治にはまったくコミットしないという立場を貫きました。清宮は、京城帝国大学に赴任するときから「自分はけっして支配者の代弁者として行くわけではない、朝鮮民族は立派な文化を持っていて尊敬しなければいけない」と言っており、要するに、支配側にも被支配側にも、中立的な立ち位置を取り続けた人物です。実際、朝鮮人の学生も非常に大事にし、確かに間違ったことはしなかった。戦後も「振り返って恥ずるところはない」と胸を張っている。

支配者にも加担しなかったけれども被支配者にも加担しなかったという点については、別途議論の余地があると思います。ただ、そういう立場を保ったということで、清宮は戦前戦後の首尾一貫性を誇ることができたのは事実です。そういう見地から、一方では天皇の地位を認めながら自由意志はあってしかるべきだということを、堂々と言えたという面はあるのではないでしょうか。

第六回　人はどこにいたのか

澤地久枝

「昭和」を見つめ、一貫して戦争や国家を問うてきた作家の人生は、日本の戦前・戦中・戦後という激動の時代そのものだった。そして、今、新たな〝戦前〟への突入の気配がひたひたと迫る——。澤地の祖父母世代から孫世代までの一五〇年、「日本が歩んできた道」は何だったのか。一四歳での敗戦体験を軸に、自身の記憶と記録を語る。

〔さわち・ひさえ〕

ノンフィクション作家。一九三〇年東京生まれ。一九四九年中央公論社に入社。一九六三年「婦人公論」編集部次長を最後に退社。著書に『14歳〈フォーティーン〉満州開拓村からの帰還』（集英社新書）、『妻たちの二・二六事件』（中公文庫）、『昭和史のおんな』『滄海よ眠れ　ミッドウェー海戦の生と死』（いずれも文春文庫）など。一九八六年菊池寛賞、二〇〇八年朝日賞を受賞。

（講義日　二〇一七年一月三〇日）

モデレーター／姜尚中

【講演】

歴史のなかで忘れ去られる人々を掘り起こす

こんばんは。澤地久枝です。私は今年（二〇一七年）の秋、八七歳になります。自分でも信じられないような年齢で、ずいぶん長く生きてきたなと思います。

一九四五年八月一五日は、日本の人々がいわゆる玉音放送で第二次世界大戦が終わったと知らされた日ですが、その日から七〇年余りが経《た》ちました。私は七〇年という歳月を考えたときに、では敗戦のときにそれ以前の七〇年のことをわかっていたかなと自分に聞いてみたんです。そうしたら、やはりわかっていない。一九四五年から七〇年前というと明治八（一八七五）年です。そのころのことは私は今だってそんなに自信を持って言えない。敗戦のときに一四歳であった私は、明治のことなんか考えてもいなかったのです。

歴史というか時代というものは、なかなかつかめません。ましてや、その時代に生きていた、その時代の歴史を動かしていた人たち、何十億以上の大勢の人たちのことを考えられるかといったら、とてもできそうにない。つまり、人はその中に埋もれてしまう。何人かの人たちは書かれたり語られたりしますけれども、時代の中で埋もれていった人たち、忘れられた何十億人かの人たちがいます。つまりそれが私たちの先祖であり、同時代の人たちなんだろうと思います。それぐらい、無名の人たちを大事に考えないと、自分もまた時代の中で取りこまれて忘れられていく存在になるかもしれない。

明治一一（一八七八）年の夏に起きた竹橋事件というものを調べて書きました（『火はわが胸中にあり――忘れられた近衛《このえ》兵士の叛乱《はんらん》　竹橋事件』岩波現代文庫）。陸軍の口供書という取調書に、五五人の人たちが取り調べられて、何日に誰から声をかけられて、どうして参加するようになったかを語ったものが、たぶん速記から起こされて残っています。国立公文書館の文書にあります。誰が自分に何を言ったかということを全部、時間別に一つずつ書き抜いていく作業を何日もかけてやりました。最後は一斉に逮捕され、その後銃殺という運命が待っていますが、たとえ国の公の調書であるとしても、ともかく叛乱という結論へ向かって、最初のときに誰が誰に何と言ったかというところからずっと書いていきました。

これは想像ではできません。事件に関連して有罪になって死んでいった人たちが残した言葉を、全部書き起こしてみて初めて、竹橋事件というものが全体として見えてくるような感じになりました。その書き起こしの仕事をしながら私はとても辛《つら》くて堪《たま》らず、ある日何をやっているのかと思って、涙がこぼれました。でも、その仕事をしなくては、消えていった人たちがやったことをはっきりさせることができないと思っていましたし、実際にそうでした。

家族の歴史をたどる

今、私たちの周りには、そういう忘れられた人たちがたくさんいます。例えばみなさんの両親、あるいは祖父母とかを考えてみると、両親までのことはおわかりでしょうけれども、祖父母のことになるとそんなにはっきりとわからないのではないでしょうか。

私の父は、父が四歳のときには両親が亡くなって、孤児になっています。戸籍謄本を取り寄せて、全部表にして書いてみたときに、父は四歳のときにはもう父も母もなかったんだということがわかりました。ですから、父は親に愛された記憶を自分の体験として持ってない。だから、我が子に対しても実に不器用なおっかないお父さんでした。でも、戸籍謄本で父の置かれていた状況が見えてくると、ああ、この人は四歳で両親が死んでしまって、おばあさんか誰かに預けられて、ほんとうに苦労しただろうなということがしみじみわかりました。私はもう父の顔を見ることはできないわけですけれども、こうして戸籍謄本の上で父をたどることができました。

母方の祖父母は知っています。私は一九三〇年に生まれて、祖父は一九三三年に亡くなっていますから、遠い日の記憶で、何かキラキラ、石が光っているような記憶があるんです。思い起こしてみると、それは焼き場で、つまりお骨箱に全部入りきらないから、お骨を捨てていくと、それが山になるんですね。何にもわからないんですけれども、何かキラキラ光っている山を見たという記憶が、私の人生の最初の記憶としてあります。それが母方の祖父であります。

母方の祖父母はみんな幕末に生まれています。そして祖母は一九四五年の一月まで生きましたから、七十数歳まで生きた。すごくおばあさんだと思っていましたが、私はそのおばあさんよりも年上になったので、自分で自分のことが不思議な気がします。でも、ともかく母方の祖父母については思い出があります。

読み書きができなかった祖母

今の原宿と同じように、かつての原宿もにぎやかな街でしたが、私の母方の祖母は、そこで貝の行商をやっていました。祖母は小さい人ですから、大きな、自分の頭を超えるほどの荷物を背負って、都電になるのは一九四三年からですので、そのころは市電でしたが、その市電の線路が向こうに見えるところを、荷物を背負った祖母が歩いてくるというような印象がありますす。でも、母たちの話を聞いているうちに私がだんだんとイメージして、おばあさんをそういうふうに思い描いたのかもしれません。

私はこのおばあさんがとても好きでした。でも、文字の読み書きができないんです。一日も学校へ行ったことがありませんでしたから。それで、そのころ小学生だった私が、「おばあさん、字が読めないの？　じゃあ教えてあげるから覚えなさい」と言って、「あ」から一生懸命教えようとしたんです。そしたらおばあさんは、「私は今さらそんなのは嫌だよ」と言うんです。自分は一文字も知らないけれどもこれでいいと言いました。祖母は七十何歳まで生きましたけれども、結局読み書きをしないまま死んでいったんです。

私の祖母とか祖父の時代には、そういう日本人がたくさんいて、珍しいことではありませんでした。今、私と同い年の人でも、私の母は読み書きが一生できなかったって言った人がいます。お母さんが読み書きができなかったということを胸を張って言えるのは、私はいいなと思いました。私はずいぶんあとまで、両親がほんとうに学歴がないということは言えなかった。私にとってはやっぱり恥だったんですね。

名もない人々の記録

このように、私の祖父母は名もない人たちですからどこにも何も記録がありません。特に母方は、当時の赤坂区、今の港区が本籍地ですが、戦災で、つまり米軍の空襲で区役所が全部焼けてしまったんです。それで、我が家は戸籍謄本そのものがない。

私が、今日みなさんにお勧めしておきたいのは、みなさんまだ両親も揃《そろ》っている、あるいは祖父母も健在な方もいらっしゃるでしょうが、早いうちに祖父母、あるいは曽祖父母までわかれば、戸籍謄本を取っておかれるといいということです。それを見ると、私たちが言い伝えで知っていること、あるいは直接自分が目にしている祖母とか祖父とかが何年に生まれたか、どこで生まれたかということを全部知ることができます。日本では幕末にいた名もない人たちの記録なんかはありませんから。

ですから自分自身がどこにいるのかをはっきりとさせるために、私は、戸籍謄本をお取りになって、どういう男と女の間に生まれた子どもの、そのまた子どもとして生まれて今ここにいるのかということを、確認しておかれるといいと思います。そして、日本人がそうやって自分の身元を確認しようと一生懸命になったら、今ほど政治が右を向いて、昔と同じだと言われるようなことにならないだろうと私は思います。

今は、いろいろなことを言うのは自由ですけれども、でも、しっかりと確認してものを言おうとすると、なかなかそう簡単にいかないですね。私は戸籍謄本を調べて、父方のほうは祖父母まで、生まれた日も死んだ日までもわかりましたし、父には兄さんがあって、この人も生まれて間もなく死んでいるから、父の両親と兄さんはたぶん、結核の家族内感染で亡くなったのだろうと想像することができます。結核の家族内感染というのが敗戦以前、一九四五年以前には非常に多くあったんです。もっとも二十数歳まで生きていれば、なぜ死んだかということは勝手に想像できませんけれども、そんなに若くて夫が亡くなり、妻が翌年亡くなりというように、若い人の死が相次いでいれば、これはもう結核の感染だろうと思われます。

母方の祖父と祖母は一〇歳も年が違うんです。祖父は最初に柿生《かきう》というところの地主の娘さんと結婚していました。娘が一人生まれただけのようです。ですから母には腹違いの姉がいた。今、戸籍謄本は空襲で焼けて抄本しかありませんから、母から聞いた話です。

なぜ満州へ行ったのか

なぜ満州へ行ったのかということは、私の人生の中でかなり大きなことでした。なぜ日本人が大勢、中国東北の満州へ行ったのか。満州という異国の地にいるから、敗戦の後に引き揚げということがあったし、引き揚げまでの一年あるいはそれ以上の歳月を、異国で生きることになった。その最初に、なぜ満州へ行ったのかということがあります。

一九二七年に日本では金融恐慌があって、台湾銀行が大きな取り付けをやって、日本の銀行はバタバタと潰れました。世界が経済恐慌に陥る前に、日本は一九二七年の金融恐慌から昭和の暦が始まっています。そして、その翌々年、一九二九年にウォール街で証券パニックが起きて、世界金融恐慌が始まり、世界中が大不況に陥ったわけです。

我が家では一九三四年に父が満州へ行きました。父はそれまで大工でした。大工というのは、その日働いてその日の分、つまり三日働いて三日分の賃金がもらえるという仕事です。それが収入がなくなり、父は気持ちもすさんできた。母は、放っておいたらよくない、何とかして、当時盛んに勧められていた満州で就職したらいいんじゃないかと考えたんです。私の遊び友達のお父様が満州の当時の首都の新京で高い役職についていたので、その友達の家へ行って、主人に仕事を世話していただきたいと言ったんです。そうして、最初に父が単身、当時の新京へ行き、そして、翌一九三五年に母と祖母と私と女三人で大連まで行きました。中国東北部の当時の関東州の大連です。四歳の私はこんなにきれいな街はないと思いました。モダンできれいな街でした。戦争が終わってから何年も経ってまた大連へ行きましたが、時間が経っていますから薄汚れて荒れた感じでしたけれども、やはり、二階建ての家が建ち並んでいて、子どものときに東京よりきれいな街と思ったのは、当たっていたと思いました。大連という街はそういう街でした。

かまどの下の灰も残さないとよく比喩に言いますけれども、私たち一家は、それぐらいすっかり、売れる物は全部売り払って、ほんとうに着の身着のままで満州へ行きました。母と祖母は、持っていけるものは持っていこうと思って、お布団はチッキというので送りました。その時、お布団の間にかつおぶしを入れたんです。かつおぶしを一本丸々、なかなか高くて買えないから持っていこうと思って入れたんです。だけど、新京へ着いてから、荷物がなかなか手元にこない。ずいぶん経ってからやっと荷物が届いて、開けてみたら、かつおぶしはカビ臭くなったうえに、しょうのうもいっぱい入れてあったので、食べられなかった。せっかく運んだけれどもかつおぶし一本ダメになったというのが、我が家で満州について語られるときの最初の話としてあります。

敗戦のころ

戦後日本では一九四六年四月に女性の参政権を認めた新選挙法による最初の総選挙が行われました。その選挙で初めて女性議員が三九人当選しました。二〇歳以上の男女すべてが初めて投票権を得た選挙だったんですが、そのときに私は、ソ連軍を恐れて満州でひっそりと、身を縮めた生活を送っていましたから、戦後日本初の総選挙を知らないでいます。そういう時代を生きてきました。

私は学徒動員で開拓団に行って一カ月働きました。開拓団は敗戦後、多くの死者を出しました。なぜかというと、男たちが全然いなかったんです。関東軍は中国東北部の当時の満州に駐屯していた旧日本陸軍の軍隊です。それが男たちを兵として徴用しないという建前で、満州の国境地帯に開拓団を送りこんだのですが、関東軍はそこから男たちを総動員で軍隊にとったんです。ですから、開拓団には男がいなかった。私たち現地の女学校の先生たちも次々に赤紙が来て、軍隊へ連れていかれて、帰ってこなかった先生もあります。

戦争が終わった後で、軍隊を逃れて、同級生のうちへ助けを求めてきた先生もいました。敗戦後、みんな食べるのがたいへんですから、居候がいては困るんです。でも、その先生は捕まるかもしれないから自宅へ帰れない。だから、教え子のうちに居候したんです。その父親は自分の娘に、あの先生どうにかならないかと言ったっていうんです。教え子だって困ります。先生に嫌な顔を見せられない。そういうことを、何年も経ってから、あのときたいへんだったのよって、その子が私に話してくれました。私はその話を聞くまで、そのことを知りませんでした。それぐらい、みんながものを言わない社会で、私たちは敗戦後一年余りを暮らしました。

それは、お互いに言わないんです。ぐあいの悪いことは、我が家の中では知ってるけれども、親子の間でも言わない。事が起きて何年も経ってから、妹や弟に「あなた、あのことを知っていた?」って聞くと、「知ってたよ。だけど、内緒でしょう」と言います。親は私にも妹にも言わなかったのだということがわかりました。そうやってお互いがだましっこするんです。我が家の秘密なんて大したことはないんです。でも、天下国家の秘密というのは、ちゃんとはっきりしてもらわなければ困るんです。

我が家には、父が連れてきた、夫が朝鮮人で奥さんが日本人、子どもが男の子一人という一家が寄宿していました。父は誰でも助けてしまうので、いつも居候がいました。今は居候がいるといううちはあまりないでしょう。そして居候になりにいく人もいません。今の日常的な話の中では、おもしろいこととして言うかもしれないけれども、暮らしの上で居候にならなければいけないような人生はほとんどなくなっていると思います。

でも、敗戦時の我が家にはそういう朝鮮人一家がいました。私は、朝鮮の人だということは知っていましたが、日本人と同じような苗字ですから、何にも差別意識などは持ちませんでした。我が家では差別するようなことはまったくなかったですね。満州には、白系ロシア人がいたし、もちろん中国人がいたし、朝鮮の人たちもいっぱいいたし、台湾の人もいた。つまり、日本人だけが純粋にこの世で生きているのではないということが日常的に私はわかっていたと思います。それが日常の生活でした。

そういう意味で、私は、差別も知らないで今まで生きてきたことを、よかったと思っています。無理して言うのではなくて、人はほんとうに平等でなければならないと、私は自然に思ったわけです。

切り取ってしまった叔父の写真

満州の吉林《きつりん》から、ずっと南下して錦県まで出て、さらに移動して、そして葫蘆島《ころとう》から引き揚げ船に乗りました。この船も、日本は戦争で船の多くを失っていましたから、アメリカが上陸用舟艇を貸してくれて、それで私たちは帰ってきたらしいんです。

満州からの引き揚げのときに、持ち物の中に、軍人が写っていたり、風景が写っていたりする写真は認めないと言われていました。私は、引き揚げがスムーズに運ぶようにと思って、我が家の検閲係になって、写真を全部見ました。

私の母の弟は陸軍准尉までしかならなかった人ですが、軍服を着ている叔父さんが写っている写真がありました。それは危ないのではじきました。持って帰りたい写真から全部叔父の姿を切り取ったのです。母にも申しわけなかったと思います。引き揚げのとき、大隊が編成されたのですが、そのなかで何か違反が見つかれば大隊全員の引き揚げがとめられる。そうなるとたいへんなことになります。その日暮らしで引き揚げがのびれば生きる手だてがないのです。

後になって私は、何てバカなことをしたのかと思いました。母は悲しかったでしょう。自分のたった一人の弟の姿が、みんな切り取られてしまったのですから。ほんとうに私はむごいことをしたと、年をとってからしみじみ思いました。

写真集『THE BITTER YEARS』、苦しみの時代

アメリカの写真家による『THE BITTER YEARS』、「苦しみの時代」という写真集があります。日本では二回、この写真展が開かれて、そこで売られていた写真集を私は持っています。それは一九三五年から四一年まで、つまり昭和一〇年から日本が戦争を仕掛けた昭和一六年ま

でのアメリカを写したドキュメンタリーです。

子ども全員と親たちが並んで写っています。みんな子どもがいっぱいいて、七人もいる人がいる。住んでいる土地を離れてこれから西部へ移ろうとしている途中の一家、とネームがついています。これは非常に意図的な写真を撮る人がいたから残った記録ですが、それを見ると、自分が満州へ行かなければならなかった同じ時代に、アメリカでも同じように貧しい人がいっぱいいたのがわかります。この写真集をまとめた人は、エドワード・スタインという編集者ですけれども、ベン・シャーンという私たちもよく知っているアメリカの絵描きさんもこの時代にはカメラを持って、貧しい人たちを撮っています。

日本では多くの人たちが、例えば満州へ行った。一〇〇万人以上の人が、そこに何とか生きる道、生き延びる道を求めて行きましたが、ではアメリカはどうだったのかというと、アメリカではもちろん、写真に写っているような貧しい人たちはいましたが、一九三三年ごろにはフランクリン・ルーズベルトが新しい政治体制を敷いて、アメリカは変わってゆきます。日本人も同じような時代を通りましたが、日本の外に答えを見つけようとしたのです。

ルーズベルトによって農業安定局が作られて、生活に困っている農民たちに補助金を出した。カルチベーター（耕耘機《こううんき》）ができて、耕作が機械化される時代になった。だから、手で畑を耕すような農業は時代おくれになっていく。この時代の変化をアメリカの場合は、写真をちゃんと残しておこうと思う人がいたから残りましたが、日本は残念ながら、そういう写真が集中的にまとめて撮られたということはないと思います。日本でカメラを持っている人たちは、有名な人を撮るか、あるいは自分の身辺の人を撮るかということぐらいで、一つの時代を丸ごと写そうということはなかったんです。日本にはないけれどアメリカには一つの時代をちゃんと語っている写真集がある。それを見ると、アメリカにはできて日本にはできなかったことがこれだ、というふうに私は思います。

孫世代に体験を語り継ぐことができるのか

『14歳〈フォーティーン〉　満州開拓村からの帰還』という本を集英社新書で出させていただきました。私は子もありませんから、当然孫もありません。妹は結婚をしましたけれども、ここも子どもはいない。三人きょうだいの末っ子の弟だけは息子がいて、その息子にも子どもがいますから、弟には孫がいます。私が『14歳』をなぜ書いたかというと、この弟の孫が何にもわからないんですね。「あなた、私の言っていることがわかる?」って聞くと、「わからない」と言うんです。いくらかみ砕いて、これならわかるかなというぐらいに、易しくして言って、「わかる?」って聞いても、「わからない」と言うんですね。で、これはまずいと思ったんですよ。

私はみんなに体験の語り継ぎが必要ですと言っています。つまり、黙っていれば、知らない人がいっぱいできるわけですから。だから、体験は語らなければならないし、語られる側は、それをちゃんと受け継いで次の世代に渡していくっていう義務があるだろうとかねて思っていた。そう発言してきましたけれども、自分の一番身近なところにいる弟の孫が私の言うことがわからないと言ったときに、これはまずいと思いました。

この子はどうも、私を理解しようというのではなくて、何かうるさいおばあさんがいると思っていたのではないかと今は思います。でも、その子に何とかして、あなたは急にここでひょっこり生まれてきたんじゃない、と伝えようとしました。あなたの前の世代、それからそのもう一つ前の、つまり祖父母の世代の人たちが、どんなに苦労して今のあなたに至るような人生を生きたのかを、言わなければならないと思ったんです。それで『14歳』という本を一生懸命書きました。

できあがった本は、もちろん、弟の息子に渡しました。孫が遊びに来たときに、「あの本読んだ?」って聞いたら、「読んでいない」って平気な顔して言うんです。これは若い子のポーズでもありますね。私は、若いころから、読んでいない本のことを言われると、恥ずかしいから途端に亀みたいに沈黙していたのですけれども、弟の孫は平気な顔をして言うんです。それは恥じゃないかと思ったけど、そんなことを言うとますますその子はうちへ来なくなるから黙っていました。けれども、あなたのために書いた本だと何で言ってやらなかったのかと、今は後悔しています。

祖母に裏切られたと思った母親

私は早稲田大学の夜学に行きましたが、大学に進学したのは我が家系の中では最初なんです。つまり、中学にも女学校にも誰も行ってない。母はよく言っていました、せめて一日でいいから高等科へやってほしかった。つまり、小学校六年を卒業して終わりじゃなくて、その上の学校へ一日でもいいから行かせてほしかった。そうすると小学校高等科中退って言えるじゃないですか。それを、母は言っていたんだと思います。

母の母、つまり祖母は、そんなこと一切言いませんでした。おばあさんは、私が字を教えると言ったら、嫌だと言って断ったぐらいですから。自分が読み書きができないということを全然恥じていませんでした。祖母は貝の行商をやって、一銭とか五厘とかのお金を毎日稼いでためていたんです。

母は一生懸命、自分の母親に孝行しようと思って女中奉公などをしましたが、何かのときに、自分の母親が当時のお金で何千円というお金を持っていることを知って、母は、ほんとうに裏切られたと思ったそうです。そのとき、母は祖母を責めたのですが、祖母は何にも言いませんでした。ひとしきり母の嵐が過ぎた後に、祖母が私を誘って駅前の公園に行ったのですが、そこでおばあさんは初めて涙を拭いて、おまえのお母さんにこういうふうに言われたと言ったんです。でもどうしようもないだろうとおばあさんは言うんです。私は小学生だから、何とも言えませんでした。

そんなこと親に言ったってしょうがないと私は思いますが、母にしてみれば、貧しい行商をしている自分の母親はほんとうにお金に困っていると思って、小学校を卒業してすぐの年に、数えの一四歳で女中奉公に行った、そのことが、母にはよほど辛かった。自分の母親のためだと思っていたけれども、あんなに貯金を持っているのなら、一日でも高等科へやってくれてもよかったじゃないかと母は思ったんです。それを我が子に向かって私に言っただけじゃなくて、自分の母親に向かって言ったんですね。祖母は何にも言えなくて、涙をぽろっとこぼしただけでした。

親と子

私は、こんな親子の関係は悲しいと思います。今、そういうことを親と子の間で会話している一家があるでしょうか。今は、子どもたちは実に伸びやかに育っていて、当たり前みたいに高校も行くし、大学も行く。そうすると今の子たちは、社会へ出るときに、何で働かないといけないのかわからないんです。だから、大伯母である私が一生懸命わからせようと思って本を書いたって、読んでいないって平気な顔して言う。私は、自分の身の周りの人に対して、何にもできない大人だということを自覚しなければなりませんね。

私は両親の最初の子で、すぐ下の妹は満州へ行ってから生まれて、私と六歳ぐらい違います。ですから、私はうちの中でずいぶんいばっていて、生意気な子でした。それで母とけんかになりました。そうすると、母がいろいろなことを私に言うわけです。私は悔しいんですよね、いろいろ言い負かされて。女学生、今の新制中学生になっていた私は、母を懲らしめようと、「ワシントンで結婚式をして、新婚旅行はロンドンへ行くのよ」と言ったんです。

言ってすぐにものすごく後悔しました。こんなこと言うべきではなかったと思いました。なぜかといえば、両親の仲が悪くて、もうしょっちゅう夫婦げんかをしていました。だから、私は絶対に結婚はしないと思っていました。それなのに何でそんなことを言ったのか。やろうともしない結婚式なんか、行ったこともない、見たこともないワシントンなどと言うことはないですよね。ロンドンも知らないんですから。でも、それは、ワシントンとロンドンを出して母をやっつけようという私の意図から出たとっさの思いつきだったんですね。

でも、私はほっとしていることがあります。母は、一九七二年に私の最初の本が出た何日か後に倒れて、意識が戻らなくてそのまま亡くなりました。六四歳でした。その母が私を懲らしめる方法があったわけです。「あなた、そんな偉そうなことを言ったって、あのとき何て言ったか覚えてる？」って言えばいいんですよ（笑）。絶対しないはずの結婚をワシントンでして、何で新婚旅行にロンドンへ行くんですか。私はそこで黙るわけです。だって恥ずかしいですから。「あなたはそのときにワシントンをわかってたの？」って言われたら、私は一言もないんですよね。

時代はとまってくれない

でも、自分で昨夜、こんなことを書きました。「一度口にしたら取り戻すことはできない。そういうことは言ってはならない」。これは、自分の文章ですが、一種の格言だと思っています。でももう今、自分のことをあきれていますけれどね。

そして、「言ってはならないことを言うのは、どんなにものを知らないかということ」という文章も書きました。私はものを知らない人間でした。今も知らないことはいっぱいあります。いろんなときにいろんなチャンスがあったと自分でも思います。でも、そのときに私はあまり努力をしなかった。ですから今、もっと勉強しておけばよかったと後悔しています。でも、もう八六歳にもなっていますから、今からいくら慌てても、世の中にはたくさんの本があって、全部読めるはずがないんです。しょうがないじゃないのと思いながら、私は、ほんとうは、あの本も読みたかった、この本も読みたかったと、非常に焦っています。

それで、どうしようかと思いますね。自信がなくてこんなに自分がわからない人間が八六年も生きていいのかと思うと、私の中のもう一人の私が、いや、よくないと言います。ではあした死ぬかというと、死なないんですよ（笑）。いつまで生きるかわからないけれども、でも、人生ってどうもそういうものみたいです。どこまで生きるかわからないじゃありませんか、お互いに。ほんとうにあした死ぬかもしれない（笑）。

でも、たぶん私は今夜ちゃんと寝て、あしたまた同じようなことを考えるでしょう。そうしながら、私はもしかしたら八九歳まで生きるかもしれない。そうやって人は次々に年をとって、時代は過ぎていくんです。

その過ぎていく時代の中で、どんな人間として生きるかということ、その時代の中に埋没しているお互いがどのぐらい己を知って、そして少しでもいいことをするかということ。それを自分自身に問いかけて、あしたをまた生きるかということではないかと思うんです。時代というのはとまってくれませんから。一九四五年からの七〇年前を考え、そして今日を考えたときに、約一四〇年の時間が音もなく過ぎていって、今振り返ることもできない時間がたくさんありますし、その時代の中で生きた人たちというのはもう見えなくなっています。でも、その人たちを忘れないようにしないと、私たちは時代に取り残されて、そして取り残され忘れられたままになっていることになりはしないかという気がします。

また、こんなことも書いています。「人生のやり直しができない地点というものがある」。人生のやり直しがここまではできたが、ここの一歩先ではもうやり直しができないという時点というものがあると、私は自分で書いているんですね。そうか、今夜というのも、後で振り返ったらもう二度と来ない時点なんだ。そこに戻ることはできませんから、八六年なんてもうあっという間に過ぎてしまいます。自分でも不思議なんですね。自分が生きてきた時間というものがこんなにたちまち過ぎていって、自分で手にとってみることはできない。でも、そういうものですね。

私は生きてきた時代というものを、自分が生きた時代として何度でも見つめ直そうという気持ちを持っています。そうしないと、時代というものが勝手に動いていってしまう。変えられてしまいます。見えないし、つかむこともできないけれども、そういうものが人間たちを勝手にやり過ごして、どんどん先へ行ってしまうんだと思っています。

こんなことも書いています。「自分自身の痛みを感じなければ、感情は眠ったままでいる」。自分が痛いと思って初めて、痛さというものが自分にわかるということを、私はこの文章を書きながら思いました。

母の死

母は、一九七二年四月に、脳出血で倒れたまま、一回も目覚めないで眠るように死んでしまいましたが、私は母が次の瞬間に「ああ、よく眠った」と言って起きてくるような気がしていました。外を見ると、塀には、母がその朝干したお布団なんかがまだ干してあるんです。母は、日が当たってホカホカになった布団を取り入れて、そして娘の私のご飯の支度をしてやろうと思っていたに違いないんです。

トイレへ行って落とし紙をとった瞬間に、脳出血が母を襲ったんです。そのとき、母は、たいへんなことが起きたと思ったんでしょう。廊下を這《は》って戻り自分の部屋へ入ったときに、大きな声でうめいたんです。私は母のうめき声にびっくりして目が覚めました。午前八時半か九時だと思います。私はいつも一〇時か一一時まで寝ていましたから、母のすごい声で目が覚めて、「お母さん、どうしたの」って母の部屋へ行ったときには、母は白目をむいていましたが、私が声をかけた瞬間に母の目が閉じられて、眠ったようになり、母はそのまま起きませんでした。それが私が母に会った最後でした。

母が死んで六、七年ぐらいは、何て親不孝だったんだろうと、後悔ばかりしていました。母はずいぶん私にいろいろ言いたいことがあっただろうに、何にも言わないで死んでしまった。

どうして一言、お母さん、ありがとうって言わなかったんだろうと思って、それは私の長年の後悔でした。母がいつも食事の支度をして、呼んでくれて、ご飯を一緒に食べていました。そして、母はいつも手内職をしていました。器用な人でした。私が働いて入れるお金では我が家の会計が足りないこともあったかもしれませんが、母は内職したお金をしっかりためていました。そうして、今日もよく働こうと思っていて脳出血に襲われたんです。

父は一九五六年に亡くなったんですが、父が死んでから母が亡くなる一九七二年までのかなり長い時間、母と親子二人で暮らした日もあるのに、何でありがとうって言わなかったのか。それを言わなかった自分をずっと責めていましたけれども、私はもう、自分をいくら責めても追いつかないんだということに気づきました。人は、私がそんなに後悔の念にまとわりつかれて暮らしているなどと思わないかもしれないけれど、私自身は非常に後悔の多い人間で、くよくよ思っているんです。

そんなことを今さら思ったって、お母さんに通じるわけはないと自分ではよくわかっています。私は死後の世界なんかないと思っています。それなのに会話の中では、死んだ世界ではねえとか、あの世であなたに会ったらねとか言っているんです。そういう話ができている自分というのは、私はちょっと不思議な気がします。

遠い日の戦争が次の世代に結びつく

遠い日の戦争が次の世代に結びつくということを、今日は申し上げなければいけないと思って来ました。ほんとに遠い日の戦争です。私は大連とか旅順には修学旅行で行きましたから知っていますが、日露戦争というものは実際には知らない。けれども、日露戦争を境にして日本は第二次世界大戦への道をたどっていきます。日露戦争という遠い日の戦争というものを誰も私には語ってくれませんでした。私は、知らないまま戦争の時代を迎え、敗戦を迎え、そして戦後引き揚げてきて、それでもまだわからなかったんです。

それから、今日話していることは、老いの繰り言のように聞こえるかもしれませんが、これは語り合うことが大事であって、今、話をしなくては、やはり私と同じような後悔をする人が後の世代に出てくるかもしれない。それはあってはならない。それは、私の前の世代を生きた人たちが私に渡してくれたバトンとして、今日みなさんにお渡ししないといけないだろうと思います。

「安倍政治を許さない」

歴史の時間に埋没した人というのを、私たちは考えなければいけないだろうと思います。それが、人はどこにいたのかということへの答えだろうと思います。どこにでも人はいるんです。ですが、その人たちが自分から声を上げて私はここにいると言うことは、たぶんありません。偉い人はちゃんと歴史に残りますよ、総理大臣とかね、安倍晋三とかね。こういう人は消そうと思ったって消えないでしょう。だけれども、その下でこんな政治はない、何で過去と同じ政治を繰り返すのかと怒っている人たち、隣近所の人たち。「ねえ、そうじゃありませんか」と言わなきゃいけない人たちが、何も言わない。お互いが沈黙の中にいて、どんどん時代が過ぎて、安倍晋三は勝手なことをしている。

私は安倍さんに「あなたがやっていることは間違いです。あなたは戦後生まれかもしれないけれど、戦後も七〇年以上の時間が過ぎていて、あなたも決して若くはないんです。こんな政治をしていいのですか」と言いに行きたい。

日本の政治は今、福島を全部忘れ去ろうとしています。けれども、福島での原発の被害が消えるわけはありません。放射能はほぼ永久に続くんです。けれど一方で、今の政府は、原発の技術を売ろうとしている。商売です。ベトナムに安倍さんが行ってやっと商談が成立したと思ったら、ベトナムは原子力発電所は危険だとして、国としてやめました。だけど、あの人はまた行く先々で原発を売ってきては、自分はこんなにいいことをしたと言いたいのでしょう。

ですからやはり、言いに行かなければならないと思うんです。私は生きてきた八六年間を振り返って、こんなに悪い政治というものを、こんな悪い日本というものを、かつて見たことがない。

前途に向かって何にもいいものが見えない。安倍さんはどんどんその悪いほうへの舵《かじ》取《と》りをして、自衛隊はアフリカへ出ていっているし、この次誰かが戦死すれば、また赤紙が来て男の人たちが軍隊へ引っ張られ、そしてまた戦死が相次ぐという日本の社会が来ないという保証はない。安倍さんのやっている政治を見ていれば、何も保証していません。ですから、私たちは安倍さんに投票してはいけない。安倍さんだけではなくて、自民党も公明党も私たちの投票相手にしてはならないだろうと、私は思います。

選挙ではなぜこんなに、いつも私たちの気持ちが裏切られるのでしょうか。私は、いつも今度こそは自民党は負けるだろうと思っています、自分がそういう投票をしていますから。けれど、毎回、自民党と公明党が勝って与党であるというのは、そういう私たちを裏切っています。裏切られている私たちの仲間をちゃんとわかるような人たちに与党になってもらわないと困る、と思います。

ですから、次の選挙のとき、今の内閣がまた多数を取って私たちの上で大きな顔をすることができないような選挙結果を得たいと思います。みなさんが協力してくださらなければ、その結果を得られません。私は努力をします。でも、みなさんがそれと同じような決断をしてくださらなければ、この国はまたしても安倍政治が続き、そして安倍さんの次に、安倍によく似たような政治家が出てきて、どこまで行っても日本はダメだという国になります。これは世界に対する裏切り行為であろうと思います。

ここで終わります。ありがとうございました。


【対談】


姜　ありがとうございました。今日は、時代に埋没する人たちということから、人間はどこにいたのか、あるいは人間はどこにいるのか、私たちはどこにいるのかというお話をしていただきました。

時代とか歴史というものを見るときに、一人一人が否応《いやおう》なしに持っているしがらみみたいなものがあると思います。そういうしがらみのところから時代というのを見ていったときに、きっと過ちがないという選択はあり得るのではないかという、非常に時宜を得たお話だったと思います。

先ほど、満州に行かれたというお話でしたが、結局、満州事変がなぜ起きたのかと考えると、日本は、あの時代、満韓と言っていたと思いますけれども、そこを守るためにはこういうことをしてもいいんだと関東軍の人間たちは考えたんでしょうか。

澤地　あのころ、満蒙生命線論というのが非常に盛んで、石原莞爾《かんじ》とか板垣征四郎などの関東軍の幹部たちは、国内世論が自分たちをバックアップすると思ったんですね。だから、やってもとがめられないだろうと思って、やった。それで、実際にとがめられないで、その責任者たちはみんな、その後、出世しているんですよね。

姜　その点でちょっと私が気になるのは、例えば歴史をひもとけば、山県有朋《やまがたありとも》が、日本の生命線を守るためには利益線を守らなければいけない。利益線とは、当時でいうと朝鮮半島になる。この利益線が侵されると、日本の生命線が侵される。だから、生命線を守るためには利益線を守らなければいけないと言っていました。でも、あの当時の明治の軍閥は、そこまでだったと思うんですが、やがて日露戦争に勝つと、満蒙まで行かなければいけないと、だんだん広がっていく。これは、世論の中では何となく自然にそれを受けとめていったんでしょうか。

澤地　アメリカでは、一九三三年ですか、ルーズベルトが大統領に就任して、貧しい人たち、それから職がない人たちのための救済策、ニューディール政策をとったわけです。だけど、日本ではそういう政策がまったくとられていないから、日本はずーっと戦争のほうに行った。ここにやっぱり、政治というものの存在があるんじゃないですかね。日本の場合は、何にも解決がないんです。形として国家総動員法が施行されて総動員体制になったりしましたけれども、人は政治に利用されるだけの存在。人々が生きてゆける成果のある政治は日本ではなかったんじゃないですかね。

姜　前から思っていたのは、日本では国家は無謬《むびゅう》だという考え方があまりに根強いのではないかということです。

例えば一九九六年までらい予防法というのが生きていました。今では、らい予防法は、一応これは過ちだったということになったのですけれども、四一年ぐらいにもう、当時のハンセン病、らいの特効薬はできていた。四八年の段階になっても、薬の実効性は担保されていたのに、優生保護法まで作って、熊本県でも断種をさせているんです。何で日本は九六年までずっと隔離をして、そこから出さないということをやったのだろうか。そこには何か、国のやっている政策は過たないという固定観念があるように思えます。

澤地　私はね、日本が負けたときに、誰も助けてくれない、私はたった一人だと感じたときに、国って何ていいかげんなんだろうと思ったんですね。負けた途端に責任がなくなってしまうのが国なのか、国って何だろうと思いましたね。だから、私は今も国なんてものは全然信用できないのね。

日本では、当事者が声を上げない限りはダメなんですね。だから、ハンセン病にしても、熊本の場合は、早くにいろいろな運動があって、やっぱり当事者がちゃんと言わない限りは、この国はダメですよ。政府のやりたいことしかやらないもの。

姜　さっきbitter yearsとおっしゃいましたけれども、そのビターな部分がある人々に集約的にあらわれていて、そこに気づかなければ、とてもいい国にいるという錯覚に陥る。でも、そこに一旦気づくと、どうしてこういう人たちをこんなに放置するんだろうかと、それに気づいた時点で、やっぱり変えられるのではないかなとつい思ってしまうのですが。

澤地　ともかくこの国は民主主義ですよね。で、主権在民じゃありませんか。それからいったら、政治は私たちが考えるように変わるべきなんです。だけど、いつまで経っても全然変わらないのはなぜかっていうことですよね。でも、私は、国はダメだと思っているんですよ。その国に治められている側もダメなのね。だって、これだけみんながいろんなことを言っているけれども、全然変わらない世論というものがあるんですものね。

姜　国というものはなかなか変わらない。でも、それでも変えられる可能性は……。

澤地　変えられなかったら困ると私は思うんですけどね。絶望したらゼロになるわけです。だから私は絶望はしないと思っているんです。

姜　今日、澤地さんのお話を聞きながら、私がなるほどなと思ったのは、結局、自分という存在は天からおりてきたわけではない、必ず父と母がいるし、たとえそれが離婚をしたり、あるいはどちらかが亡くなっているにしても、やっぱり何らかの男女が一緒になって生まれてきたはずです。そういう縦の流れをしっかり踏まえていく中で、自分が今どこにいるかということを若い世代は考えてほしいと、ほんとうにそう思いました。

澤地　私は自分自身に関しては、自分の一番近いかかわりの、弟の孫にはうまくいかなかったのよね。でも、私は、だからといって、よそのお孫さんあるいはよそのひ孫さんにあたる人たちに働きかけることはやめません。それはやらなければね、生きている限りはね。

第七回　小説の誕生

高橋源一郎

我が国で「小説」なるものが誕生してから、およそ一三〇年になろうとしている。この奇妙な散文形式の正体とは何か？　その命脈もいよいよ尽きようとしているのか？日本語圏で最も先鋭的な作家が、「小説史」を大胆に総括する！

〔たかはし・げんいちろう〕

小説家。一九五一年広島県生まれ。八一年、『さようなら、ギャングたち』（講談社文芸文庫）で第四回群像新人長編小説賞優秀作を受賞しデビュー。八八年、『優雅で感傷的な日本野球』（河出文庫）で第一回三島由紀夫賞、二〇〇二年、『日本文学盛衰史』（講談社文庫）で第一三回伊藤整文学賞、二〇一二年、『さよならクリストファー・ロビン』（新潮社）で第四八回谷崎潤一郎賞を受賞。著書に『一億三千万人のための小説教室』（岩波新書）、『ニッポンの小説――百年の孤独』（ちくま文庫）、『ぼくらの民主主義なんだぜ』（朝日新書）ほか多数。

（講義日　二〇一七年二月一三日）

【講演】

賞の選考会で何が話されているのか

今日のテーマは「小説の誕生」ですが、本題に入る前に、僕が選考委員をしている中原中也賞という詩の賞の話をしたいと思います。ちょうど一昨日が選考会で、野崎有以《あい》さんという方の『長崎まで』（思潮社）に決まりました。

この賞は今年で二二回目になりますが、長年選考委員を務めていらっしゃる佐々木幹郎さんや荒川洋治さんに聞くと、今回は中原中也賞史上、最もたいへんな選考会だったようです。ふだんは九〇分ぐらいで決まるのに二時間半かかっても決まらず、記者発表の時間が迫ってきたので、『長崎まで』と尾久守侑《おぎゅうかみゆ》さんの『国境とJK』（思潮社）のどちらを受賞作にするか決選投票ということになりました。ちなみにJKはわかりますね、女子高生という意味です。

投票に入る前の時点で、『長崎まで』を推していたのは佐々木さんと荒川さん、『国境とJK』を僕と蜂飼耳《はちかいみみ》さん、井坂洋子さんが推していました。三対二で僕たちが勝っていたんです。ところが、投票では全員一致で『長崎まで』になりました。

僕はいろいろな賞の選考委員をやっていますが、選考会ってすごくおもしろいんです。小説の賞の選考会では選考委員のほとんどは小説家なわけですが、最初はその作者を論じていても、途中から「僕だったら、こう書くよね」という話になっていきます。「この作者はほんとうはこういうものを書きたかったんだと思うけど、できなかった。でも、ここをこうしたら書ける」と、それぞれが添削を始めてしまう。

詩の選考会は少し違います。投票前に行われた二時間半の激論では、僕も久しぶりに、詩とは何か、文学とは何かということを徹底的に話し合いました。今回上がってきた作品は四つです。選考会の直前に新人で読売文学賞受賞という史上初の快挙を成し遂げたジェフリー・アングルスさんの『わたしの日付変更線』(思潮社)、冨岡悦子さんの『ベルリン詩篇』(思潮社)、そして『長崎まで』と『国境とJK』です。四つともぜひ読んでほしいと思いますが、この中で選考委員全員が「これはすばらしい、うまい、減点するところがない、どの賞もとっちゃう傑作だ」と認めたのが最初の二つの作品でした。あとの二つについてもみなの意見は一致したのですが、それは「ボロボロだ」という意味においてです。こうして、候補作はまず「うまい二人」と「下手な二人」に分けられたわけですが、五人全員が推したのは「下手な二人」でした。

実は僕も、完璧なほうの二作品は「絶対に落ちる」、そしてマイナス二〇点の二つが残ると思っていました。一番根本的な理由は、完璧なほうの二つには「うまいね」「すばらしいね」

「そのとおり」「さすが」といった感想が出ても、あまり心が動かされなかったということです。一方、あとの二つには「うーん、何を言いたいんだろうね」「下手だな」「やっちゃったよ」という感じでしたが、みな、すごく心を動かされた。そんな「下手な二人」の作品を前に、一体何が違うのか、ということを二時間半しゃべっていたわけです。

僕が詩や小説の選考会という場所が好きなのは、たぶん世界で一番、文学や詩についてシリアスでリアルな言葉が飛び交っている場所だからです。それぞれほんとうに優れた作家や詩人が集まり、目の前におかれた候補作品について、どちらがどれだけいいかという話を熱く繰り広げる。それに加えて、もっとすばらしいと思うのは、どの人も自分の最初の意見に固執しないで、意見が変わっていくということです。ツイッターで一度このことを書いたら、「意見が変わるなんて、そんなに信念がないのか」と炎上しました。でも、そういうことではないんです。

今回の選考会ですごくおもしろかったのは、荒川洋治さんが強く推した『長崎まで』について語り合うとき、ほかの四人の委員が「この詩をどう読んでいいのか確信が持てないので、みんなの話を聞きに来ました」と言ったことです。そして、二時間半かけて話すうちに、やっとこの詩の秘密にたどりついた。一人ではなく共同で読むという作業だったわけです。

下手な作品が受賞する理由

実は僕、選考会が終わってもわからなかったところがあったのですが、家へ帰ってから、やっとわかったんです。それは、ものすごく重要な違いで、ある意味、僕の作家としての背筋が伸びたほどです。

今回の四作で言えば、冨岡さんはすばらしい詩を書こうとして、結局、ちゃんとすばらしい詩を書いた。ジェフリーさんもすごい能力があって、すばらしい詩を書こうとしていた。尾久さんは能力があるかどうかはわからないけれど、がんばって詩を書こうとしていた。さて野崎さんですが、この人はどうも詩を書こうとしていたのではないのではないか。どうしても書きたいことがあって、それを書いたら詩だったんじゃないか。だとしたら、これは勝っちゃうよね、というのが我々選考委員の共通の意見でした。

みなさんは、小説家や詩人はみんな、小説や詩を書こうとして書いている、と思っているでしょう。そうなんです。僕も何か小説を書こうと思って小説を書き始めますし、詩人であれば、「さあ、詩を書こう」と思って詩を書く。あるいは、締め切りがあるから、小説や詩を書く。

でも、誰でも、何かを書き始めたときには「小説を書こう」「詩を書こう」ではなくて「何かを書こう」だったはずです。スタート時点では、何か書きたいものがある、それを書いてみたら、たまたま小説だったり詩だったりした、ということだったのではないでしょうか。でも、忘れちゃうんですよね。逆に言うと、書きたい衝動、書きたい何か、書かないと死んでしまうような感情や想《おも》いがあって書き始めていたのに、書けるようになってくると、書きたい想いよりも先に「小説を書かなきゃ」「詩を書かなきゃ」となってくる。その違いはものすごく大きいと思いますし、この二つの差は、どんなジャンルにも必ずあります。

「うまい二人」の『わたしの日付変更線』と『ベルリン詩篇』をけなしているわけではありません。本当にすばらしい詩で読むたびに発見がある。しかし、ここには不安やためらいがない。そして、発見はあるけれども、それは、僕たちが求めているような発見ではないような気がします。だから、心をあまり動かされないんです。

理想的な作品は、例えば中原中也の作品のように、やむにやまれず書いたら完璧なものだったというように、「うまい」と「心を動かす」の両方の性質を持っています。でも、現実にはそんな理想的な作品はあまりありません。だから、選ぶのは二つのどちらか、ということになります。いつも僕が選考会で「いいな」と思うのは下手でも心を動かされる作品で、こういう作品はだいたい受賞します。なぜかというと、選考委員がみな、初心に返るからです。「俺は今、小説を書いちゃってる、やばいな」と思って、「書きたいものがあって書いていたころの自分に戻らなきゃ」と思うわけです。これはある意味、作品を判定するときのとても大事な基準の一つになると思います。

「ドストエフスキーを知らない世界」にタイムスリップ

二〇〇九年に『大人にはわからない日本文学史』（岩波書店）という本を書いたとき、気がついたことがありました。簡単に言うと、歴史とは何か、もしくは歴史感覚とは何か、ということです。

一つ今日のテーマと関係ないことを言っていいですか。僕はいろいろな講演会に出ているうちに、来てくれた人たちの平均年齢がひと目でわかるという特技を持つようになったのですが（笑）、平均年齢が明らかに団塊世代以上の二大定番イベントはなんだかわかりますか。健康、と思うかもしれませんが違います。一つは憲法、もう一つは憲法と同じくらい危機に瀕《ひん》しているものです。

答えは文学です（笑）。つまり、憲法と文学は、平均年齢が高い人が好むテーマなんですね。日本近代文学館が毎年夏に有楽町よみうりホールで開催している六日間の集中講座というものがあります。僕はこの講座にもうずっと続けて出ているのですが、最初はほぼ最年少だったのが、今やほぼ最年長になってしまいました。そして毎年、壇上から見渡すと、客席の平均年齢が不気味に上がっているのがわかります。

ところで、今日来ているのは読書が好きな人が多いと思いますが、野間宏を読んだことがある人、あるいは知っている人、手を挙げてください。実は、今の三〇歳ぐらいだと誰も野間宏を知りません。僕が大学で持っているゼミには、一応、読書好きと称する子たちが来るのですが、恩田陸はみんな知っていても、野間宏を知っている人、あるいは大岡昇平を知っている人はゼロです。でも、椎名麟三《りんぞう》を知っている人は五人ぐらいいる。「なんで知っているの？」と訊《き》くと、「椎名林檎《りんご》のお父さんでしょう？」と言うんです（笑）。だって吉本ばななのお父さんも有名な人で、ばななと林檎だから絶対同じ親だ、という理屈なんですね。確かに発想はいいなと思いますが（笑）、それぐらい知らないわけです。

これは有名なエピソードですが、東大仏文の有名な先生が大学の授業で、ある作家の名前を黒板に書いていたら、学生が「先生、その人誰ですか？」と訊いてきた。誰だったかというとドストエフスキーで、その先生は「ついに来るべきときが来た」と思ったという（笑）、もはや都市伝説と化している話です。

今日ここに来ているみなさんは野間宏や大岡昇平という名前をほぼ全員知っていると思いますが、それはみなさんが、もはや一部の狂信的なカルト集団だということです（笑）。若い人たちはドストエフスキーを知らないし、野間宏も大岡昇平も知らないし、島尾敏雄は最近また少し読まれていますが、戦後文学では椎名麟三しか知らない、しかも勘違いをしている。そう聞くと、「今の若い子は本を読まない」となるのですが、「それは本当かな」と思うのです。

以前、ＮＨＫの番組で、本を読まない子たちに小説を読んでもらうという企画を手伝ったことがあります。一回目に取り上げたのは、スタンダールの『赤と黒』でした。スタジオに集まった五〇人ぐらいの二〇代の人たちは、スタンダールを読んだことがない、スタンダールという名前を知っている人もいない、『赤と黒』という作品名を知っている人もゼロ。教科書に載っていないのかな、と思いますが、「『赤と黒』って、色に関する小説？」という感じです。

これはどういうことだろうと考えたとき、僕はこう思いました。今の子は本を読まなくなった、ということじゃない。みなさんは大岡昇平も野間宏もスタンダールも知っている。でもほんとうは、そういう人たちがいるとあなたたちが妄想しているだけであって、この世界に大岡昇平も野間宏もスタンダールもいないんです。そういう世界にタイムスリップしているから、野間宏のことを誰も知らなくて当たり前ということなんだと考えたら、すごくすっきりしました。

文学の歴史は更新される

そのとき、ふと亡くなった母親のことを思い出しました。母は映画『この世界の片隅に』のすずちゃんの一つ年下で、しかも一九四五年に広島にいました。そういう世代である母は、僕が作家になってから、電話をよくかけてきました。

「源一郎、あんた、モーパッサンの『女の一生』を読んだことはある?」となんの脈絡もなく言ってくる。「読んだことがない」と言うと、「え? モーパッサンも読まないで作家をやっているんだ」と、こうです。それから三日ぐらいしてまた電話がかかってきて、「源一郎、エミール・ゾラの『居酒屋』は読んだ?」「河出の世界文学全集に入っているけど、あれはパスした」と返事したら、「そんなのも読まないで作家をやっているのか」。「あんたに言われたくない」とこっちはカチンと来ます。

僕だってモーパッサンやゾラの名前くらいは知っているし、いい作家だと思っています。でも、趣味じゃないから読まない。それを母はバカにしたように「そうなの、モーパッサンを読まない作家もいるんだ、へえー」と言ってくるのです。「ところで、ジイドは? ジイドも読んでないの?」と言うから、「『贋金《にせがね》づくり』は途中まで読んだけど、『地の糧』は読んでない」と答えたら、「あら、ジイドも読まないの?」。もう嫌になるから、母親から電話がかかってきた、と思ったら出なくなりました(笑)。

これは、母が異常な読書家だったということではなく、どうもあの世代の人たちの教養の世界では「モーパッサンとジイドとゾラくらいはちょっと文学が好きな人間なら誰だって読んでいる」ということだったのではないかと思います。つまりさっきの話で言うと、母はモーパッサンやジイドやゾラが存在しない世界にタイムスリップしていたんです。きっと我々の前の世代は、僕らに「そんなの知らない」と言われて、「そうか、私たちはもう用済みなのか」という目に遭ったんだと思います。ある意味、こうやって文学の歴史は更新されていくんですね。

ベストセラー作家は「失踪」する

僕は文庫本をけっこう買うんですが、ある時代には本屋さんの文庫コーナーの一棚を埋めるぐらい並んでいた作家の本が突然なくなる、ということに気づきました。これは徐々にではなく、ほんとうに一斉になくなる。そして、ただなくなるのではなく、その後に違う作家の本が入るんです。例えば、石坂洋次郎、源氏鶏太といった作家たちで言えば、源氏鶏太の文庫本があったところに今いるのは池井戸潤です。石坂洋次郎であれば、五木寛之が入り、今は重松清になっています。

どうして文庫の棚はあんなふうにガサッと入れ替わるんだろう、という話をしていたら、ある人が「それは高橋さん、みんな個人の名前で読んでいないんだよ、あれはジャンルなの」とヒントをくれました。つまり読者は「サラリーマン小説」というジャンルを読んでいるのであって、作家の名前は源氏鶏太でも池井戸潤でもいいんです。だから、名札がパッと入れ替わるように棚に並ぶ作家の名前が変わっていく。

それで僕は、石坂洋次郎と源氏鶏太を集中して読んでみました。今読んでも、すごくおもしろいです。でも、ニーズがない。本屋さんの棚は容量が決まっているから、いつまでも石坂洋次郎がいたら邪魔なわけです。だから更新して前へ進んでいく。

もちろん例外はあります。夏目漱石や太宰治はずっと棚にいるでしょう。僕からすれば、あの部分だけ入れないわけだから超邪魔なわけですが（笑）、彼らのように固有名で読まれる作家が棚に残り、あとは全部取り替え可能ということです。そう考えると、岩波文庫などは「よく残っていたね」と尊敬の目で見てしまいます。

さっきのタイムスリップの話と同じです。文学というと、天才が思いの丈を書いて、読者が「おお、すばらしい」と感動するみたいなイメージがあります。でも実際のところは、その時代の人が「これを読まなければいけない」というような、もうちょっとリアルな社会的関係があって、その命運が尽きるとバサッと自動的に変わっていく。これは文学が持っているある種のどうしようもない歴史性だと思います。

樋口一葉という反動

『大人にはわからない日本文学史』を書いたとき、僕は年表を作ってみました。日本近代文学の起源と言われているのは、明治一七年（一八八四年）の三遊亭円朝『怪談牡丹燈籠《ぼたんどうろう》』です。要するに円朝がしゃべった怪談落語をそのまま文字に起こしたものなのですが、これが初めての口語体文章ということになります。

その翌年の明治一八年に坪内逍遥《しょうよう》が『小説神髄』を出しています。これは、「江戸時代の人情ものは新しい時代に合わない」と文学の改良を目指した評論ではあるものの、理論先行で使っている言葉は古めかしく、ハムレットが「おぬしは何を言ってござるか」というような、変な文章で書かれていました。そんな逍遥の理論に基づいた、日本で初めての言文一致体の小説が明治二〇年の『武蔵野』です。国木田独歩のほうではなく山田美妙が作者です。独歩の『武蔵野』は二葉亭四迷のツルゲーネフの翻訳をもとにして書かれています。

この後者の『武蔵野』の文章のもとになった明治二一年の二葉亭四迷『あひゞき』は翻訳ですが、ここで二葉亭四迷がつくった口語体の文章は今の日本語とそんなに変わりません。不思議なことに、彼は翻訳で今の日本語を作ったのです。二葉亭四迷はロシア語の専門家で、ロシア語の原文を日本語に置き換えようとして、ようやく小説に合う日本語を作ったわけです。

でも、これは恋愛小説だからできたのであって、もうちょっと難しい、人間の内面を描いたような文学を言葉にしようと思ったら、当時の日本人は誰も理解できないものになっていたでしょう。「内面」もそうですが、日本語にはまだそういう用例がなかったからです。そこに二葉亭四迷自身も小説を書きたかったのにうまく書けなかった理由があり、彼はあまりにも早く生きすぎた人だったのだと思います。

日本近代文学は、二葉亭四迷が作った文章を使ってヨーロッパ式の小説を書こうという旗のもとに書き手が集まり、混乱しつつ形ができていったのだと僕は思っています。これは『日本文学盛衰史』という小説に書いたことですが、明治になって外国から新しいものがどんどん入ってきたとき、「何かヨーロッパでは小説というものが流行《はや》っているらしい」ということで、たくさんの海外小説が翻訳されました。一部の英語やフランス語ができる人たちが海外の小説を読んで、「小説とはこういうものか」と、それを日本語に翻訳したり翻案したりして紹介していった。例えば『金色夜叉《こんじきやしゃ》』を書いた尾崎紅葉の小説の中には、今でいう盗作、つまりアメリカの小説を許可も取らずにそのまま日本に置き換えて出したというものもあります。でも、それが当時は普通だったんです。

そんなふうに、「これはいいな」と思う海外の小説を勝手に日本語にして自分で発表することがおおっぴらに行われていたという、いわば混沌期《こんとんき》がこの時代でした。ですから、明治のころになんとなく小説ができてきたのではありません。この段階では文章ができただけで、実はまだ小説はできていません。

『大人にはわからない日本文学史』では樋口一葉の話を中心にしました。実は、一葉は『あひゞき』から連なる日本近代文学のメインストリートとまったく別個なところにいた人です。

樋口一葉がこのメインストリートからぽつんと外れているのは、実は一葉からの批判だと思います。この人は、せっかくみなが採用した「近代文学の文章」を使わず、「そんなの下手じゃん」と言ったわけです。「日本語としてはできているけど、中身がない」、つまり魂がない日本語で書かれた小説より古い日本語で魂があるもののほうがいい、それが『たけくらべ』でした。

『たけくらべ』が出たのは明治二八年（一八九五年）です。当時の批評を読むとわかるのですが、『たけくらべ』に、みんな沈黙したわけです。作品自体がすばらしかったのと、自分たちがやっていることがあまりにも浮ついていることに気づかされたからです。ハムレットがしゃべっているのは日本語でも中身は武士、みたいな小説をみなが書いている中で、『たけくらべ』は当時使われていた雅《みや》びな言葉で、等身大の女の子の話を圧倒的なリアリティーで描いた。それは黙るしかない、という感じだったでしょう。

漱石が売れなかった理由

僕自身も含め、我々は、小説や詩は自分たちが生まれる以前の昔からあるものだと思っています。でも、明治の初めのころの人は小説なんて見たこともなかった。昔、「漫画家になる」と言ったら親に反対されたでしょう。それと同じように、「帝大を出たのに、なんで小説家なんかになるんだ」と言われたのが、このころの小説家です。つまり、社会的なニーズがなかったんです。

ちなみに、夏目漱石の『吾輩は猫である』が発表されたのは明治三八～三九年（一九〇五～〇六年）です。「海外には小説というすごいものがあるらしい」と言っていた二〇年後に、もう名作ができている。今から考えると、驚くべきことですね。

明治一〇年代に誕生した小説が、樋口一葉のような揺り戻しがありつつも、一〇年、二〇年の間でここまで成長した理由は、もちろん内的な理由もありますが、新聞というメディアの発展が大きかったと言えるでしょう。今は新聞が発表の中心ということはありませんから、逆に今よりももっとコマーシャル・ベースだったのがこのころの小説です。

当時の新聞の部数は今よりだいぶ少ないですが、新聞小説は非常にポピュラーな、大エンターテインメントの要素を持っていました。明治三〇年～三五年に「読売新聞」で尾崎紅葉が連載したのが『金色夜叉』で、これが爆発的に売れました。時期的には、日本が資本主義社会に突入していくころのことで、今で言うメディアミックス戦略のような、『金色夜叉』をもとにした服が百貨店で大売れしたといったことが起こっています。そして、尾崎紅葉は文豪と言われるのですが、驚いたことに当時まだ三〇そこそこで、『金色夜叉』というベストセラーで巨万の富を受け取っていたわけです。『金色夜叉』のおかげで大幅に部数を伸ばした「読売新聞」に対抗しようと、「朝日新聞」が招いたのが夏目漱石です。つまり小説は新聞の拡販競争の手段だったのです。

文壇が成立したり、純文学というジャンルが作られていったりするのは、もう少し後の話で、このころはもっと流動状態でした。どちらかというと、もっとあやしい、売れればいいみたいな人たちのほうが多かった。でも、「売れればいい」というのが誕生の時期だというのは嫌なので、だんだん記憶を改ざんして、最初から文学は立派でした、みたいな伝説を作ったということだと思います。

夏目漱石だって、社員小説家として「朝日新聞」と契約するとき「給料はいくらくれるのか」という交渉をガンガンやっています。「金をくれるなら、いくらでもやるよ、でもこれ以上出さないなら朝日では書かない」と脅していたりする。漱石も、資本主義の中でのエンターテインメントを求められている、ということはわかっていたわけです。

ただ結局、自分はエンタメができないということに漱石は途中で気がつきます。エンタメ性に乏しい漱石の小説は、あまり売れませんでした。しかし、その結果として、今残っているのが尾崎紅葉ではなく夏目漱石になったということなのだと思います。

人間の寿命と歴史意識

話は飛びますが、「実家に帰るのが嫌だな」と思うのは、おじいちゃんやおばあちゃん、おばちゃんたちが「おまえが生まれたとき、おしっこをひっかけられた」とか言うからです。あの人たちは同じ話をして飽きないから、何度も繰り返し、そう言われる。「預言者はふるさとに容《い》れられず」というのは、そういうことなんです。キリストが来て、「神の国は近づいた」と言ったって、ふるさとの人たちには「おまえ、生まれたときにおしっこをかけたよね」と言われて、尊敬されない。そこでは、幻想が生まれません。

日本の小説も同じです。おしっこを漏らした赤ちゃんのころをみんな知っているから、「小説とか言ってるけど、『あひゞき』からパクったんじゃないか」と片づけられてしまう、それが文学だったんです。樋口一葉のような育ちの人間にとって近代文学の文体にリアリティーがなかったということ以上に「一〇年前に生まれたとき、あんた、おしっこかけたじゃないの」という感覚が大きかった、つまり尊敬がないんです。これが、あるものが生まれてまもないころの意識なんです。

なぜ歴史が更新され、文学のタイムスリップが起こるのか。源氏鶏太がいつのまにか消えて池井戸潤に変わるのか、これは僕たちに寿命があるからです。「おまえ、生まれたときにおしっこかけたじゃん」という人が生きているうちは、なかなか歴史意識というものは出てきません。世代を区切るとき三〇年とか六〇年とかいろいろなやり方がありますが、人の一生をだいたい七五年とすると、七五年は純粋に歴史と化していく単位なのかなと思います。

今、戦中派、すなわち戦争経験者がいなくなると、つまり、語り伝える人がいなくなると、戦争が完全に歴史になってしまうと言われています。これがまさに「おしっこかけたじゃん」と言う人がいなくなる問題です。今はまだわずかに残っていらっしゃいますが、遠からず、この人たちの世界はなくなるということです。

明治元年の一八六八年に七五年を足すと一九四三年、つまり昭和一八年で、このころにも今と同じ問題が起こっていたわけです。この時代の人たちにとって、明治維新経験派が戦中派にあたる存在であり、彼らが退場することで明治維新が歴史になっていった。二〇一八年はちょうど明治一五〇年になりますが、今はちょうど一九四三年の区切りから始まった一つの時代が終わり、さらに次の七五年が始まる時期になるんじゃないかと思います。

少し話がそれますが、後藤繁雄さんが戦中派の人たちにインタビューした『独特老人』（筑摩書房）という本があります。八〇年代から複数の雑誌で連載されたものをもとに書籍化したものですが、おもしろいことに、戦中派の人たちは基本的に、左右のイデオロギーに関係なく、全員アナーキストなんです。一回、世界が壊れるところを見ていて、だから世界がどうなろうと知ったことか、と心底思っている。「日本なんか一回滅んだほうがいいんだ。アハハッ」なんて、今ネットでやったら大炎上でしょう。でも、もし明治三〇年ごろに明治維新経験者にインタビューしたら、「こんなクソ国家は壊れればいいんだよ」と言っていたかもしれません。

このインタビューに登場する人たちはほとんど亡くなってしまいましたが、こういうものを読むと元気になる、僕にとってそういう本です。

谷崎と太宰の芸術的抵抗

一九四三年が明治維新から七五年ということでいうと、『細雪《ささめゆき》』が「中央公論」に発表されたのが一九四三年です。発表後、『細雪』はすぐに発禁になるのですが、その後に出した私家版も即発禁処分を受けるなど、絶対に人目に触れさせないという勢いで徹底的に弾圧されました。ちゃんとした形で出せたのは戦後になってからです。

小林多喜二の『蟹工船《かにこうせん》』（一九二九年）のようなプロレタリア文学が発禁になるのはわかりま

すが、裕福な家の四姉妹がお金のかかる遊びをしているだけの『細雪』がどうしてそんなに弾圧されたのかは、けっこう謎なんです。表向きの理由は、目下の非常時において、このような頽廃的《たいはいてき》かつ奢侈《しゃし》な小説はよろしくない、というものです。でも、そんな小説はそのころ、ほかにもたくさん出ていたのに、なぜ『細雪』だけが狙い撃ちされたのか。

僕の推理はこうです。『細雪』は、要するに宮中の話である『源氏物語』を現代版にしたものです。だから、天皇を扱っているというのがまずヤバイわけです。もう一つ、『源氏物語』の主人公は恋愛ばかりしている。わかりますか？　非常時なのに、皇族が、というか天皇が恋愛ばかりしている。当時の天皇は大元帥なのに、『細雪』ではエッチばかりしているんですから、これは超まずい。しかも、これは大阪が舞台です。もともと天皇家は京都で恋愛していたのに、つい最近東京に行って、軍服を着て威張っている。誰だかわかりませんが、『細雪』を読んだ検閲官は、ここまで読み解いたわけです。すごいでしょう。

谷崎に反戦の意思があったかどうかはともかく、絶対に嫌味をかましてやろうと思ってはいたはずです。彼は関東大震災の後、関西に引っ越していたのですが、要するに政治体制も含めて東の文化にうんざりして、王朝文学の世界がいい、と思っていた。つまり、今いる天皇はニセモノだ、という意識が感じられるんです。ものすごい危険思想です。

僕も人のことは言えませんが（笑）、谷崎自身、何回か結婚したり不倫したりしていて、『源氏物語』のような世界に生きていたわけです。『細雪』のモデルを提供した松子夫人と結婚する前、雅びな手紙のやりとりをするなど、徹底的に『源氏』の世界にひきこもっていた。おそらく谷崎は『細雪』がどのように危険かを知り抜いていたし、一般的にはわかりにくい、非常に高度な芸術的抵抗をしていたのだと思います。

実は谷崎のほかにもう一人、太宰治が一九四三年に『右大臣実朝《さねとも》』という小説を発表しています。この実朝という将軍は軍事が嫌いで「僕は歌を作っているほうがいい」という人なのですが、これも反天皇的です。さすがに太宰は見逃してもらえましたが、僕が検閲官だったらこれも発禁にしていたでしょう。

文献を見る限りでは、谷崎と太宰は会ったことがありません。でも、僕の妄想では、会ったことがあるんじゃないかと思っています。二人で『細雪』と『実朝』について打ち合わせをして、二人でがんばってどうやって抵抗していったかという小説をいつか書いてみるつもりです。

『坊っちゃん』が傑作である理由

エドワード・サイードというパレスチナ人の思想家・批評家は『始まりの現象――意図と方法』(法政大学出版局)という本で、何かが始まるとはどういうことか、そして『晩年のスタイル』（岩波書店）という本では、何かが終わるとはどういう意味かを問いかけています。

今日のタイトル「小説の誕生」ですが、なぜわざわざ「誕生」という言葉を使うのでしょうか。あるいは「文学の死」でもいいですが、「誕生」や「死」という言葉を使いたがるのはなぜか、というのがサイードの問題意識です。彼によれば、我々は自分の身体《からだ》を通してしかものを実感できない。だから「誕生」や「死」と言われないとピンとこないのです。サイードが言っていることは、人間がものを考える尺度は一つしかない、つまり、生まれて、成長して、成熟して、大人になって、老いて死ぬ、そういう自分の身体の中に入っている自然の制約に合わせて我々はものを考えているのです。

これは文学に限らず、どんなジャンルのものでも、何かを始めるときには「誕生」という意識が、何かが終わるときには「死」という意識が必ずあります。それは、人間がそうせざるを得ない生き物だからです。もし、人間が無限に生きていたら、誕生も死も、そして文学も存在しないと思います。

小説を生き物と考えれば、日本の近代小説は一八八四年に生まれて、一九〇六年には二二歳です。この年に『坊っちゃん』が発表されているように、この時期に生まれた、時代を映し出すような傑作は青年がテーマになっています。これが時代を経るにしたがって、テーマがだんだんおじさん臭くなってくる。一九四三年の『細雪』なんて、頽廃した家の中で生きていく個人の運命がテーマですから、青春のかけらもありません。そうなると、およそ六〇年経《た》った一九四三年の『細雪』で文学は一度死に、さらに七五年経った二〇一八年に二度目の死がやってくる、そして新しく三世代目がうごめいていくのではないかという、そんな期待を僕は持っています。

実際、僕は小説は生き物ではないかと思っています。どうしてかというと、それを書いている人間たちが生き物で、それぞれの作品を読み合いながら、ある意味、共同で一つの作品を作り上げているからです。もちろん書いているのは一人ですが、実は共同で作り上げている。同じことが違う作家の名前で繰り返される源氏鶏太と池井戸潤の例のように、文学史を年表で見てみれば、けっこう驚くような符合性があると思います。それはやはり作品というものが個人で書くだけではなく、一つの時代の息吹を浴びながら、みんなで考え、作るものだからです。同世代に向かって言葉を出している以上、そういうことがあるのは必然ではないでしょうか。

僕たちは文学や小説を一人一人の作家が書いた個別の作品だと考えがちですが、実は、もうちょっと大きい、時代という生き物、文学という一人の身体を持った者が生み出した作品としてとらえたほうがわかりやすい。ですから、次の世代が来れば前の世代が後退するのは、しかたがないことなのです。

夏目漱石や太宰治、あるいは宮沢賢治やシェークスピアのように、世代を超えて残っている固有名詞は生命や身体性を超えたところにいる作家と言えるでしょう。そういう大きな文学だけではなくて、時代に翻弄される文学もある、ということです。僕自身は、どちらかというと、そういう文学のほうに共感します。僕たち自身が永遠に生きるわけではなく、時代とともに滅びていく存在なのですから。

「文学的OS」のバージョンアップ

憲法学者の長谷部恭男《やすお》先生の説にならうと、憲法は国家体制そのものでもあるので、僕たちは戦後作られた憲法の世界にずっと生きているということになります。しかし、七五年が経って、この世界もそろそろ終わろうとしているのかもしれません。

小熊英二さんは「次の戦争までが戦後だ」とおっしゃいますが、それは、何か戦争みたいな事態が起こったとき、今の世界は終わるということです。歴史が法則性をもって繰り返すとするなら、二〇一八年あるいは二〇二〇年ごろに一回クラッシュが起きて、またゼロから何かを作る、ということが起こるのかもしれません。でも、そんなふうに一回一回ゼロに戻って、同じことを繰り返すなんて、人間ってバカなのかな、と思ってしまいます。

『大人にはわからない日本文学史』で「小説のOS」という言葉を使いましたが、文学にもパソコンに入っているようなオペレーティング・システムがあるのではないかと僕は思っています。つまり、みんな自分で書いているつもりだけど、その時代のOSの中の決まった形で動いているということなんじゃないか、ということです。例えば、当たり前のようにみんな小説にタイトルをつけますが、それは「タイトルをつける」というOSに従ってやっているわけです。

イメージとしては、世界がクラッシュするようなことがあったら、この「小説のOS」が、新しいものにバージョンアップする、という感じです。今使っているのがOS2・0だったらそろそろ3・0になる。

ものすごく乱暴に言うと、今までのOSは近代的自我、つまり「私」が何かを考える、というものでした。でも、中沢新一さんの話では、三〇〇〇年前の人間には自分と世界の区別がありなく、夢を見ているような意識だったそうです。僕たちは夢を見ますが、あれは無意識の中に入っているんです。でも、三〇〇〇年前の人間にとっては夢でなくて現実にあったことで、これをそのまま出してしまえばいいんじゃないか。

そんな、一体誰がしゃべっているのかわからないような文学が出てきてもいいのかもしれません。今問題になっているのは、みんな「私が正しい」と同じことを言っているからです。夢と現実が一緒だったら、そもそも、何が「正しい」のかわからないでしょう。だからこのバージョンアップしたOSでは一般論の話をしなくなるでしょう。それはけっこう魅力的な世界です。

結果がわかるのはおそらく数百年後ということになるでしょうが、正しいかどうかはともかく、そういう考え方もあるということです。現実的にはどうかはともかく、それぐらいの大変化をするOSがあれば、それこそ真の新しい文化が生まれるかもしれません。

【Q&A】

「書きたいものがある」というのは生まれながらの素質なのか

Q 「書きたいものがある」ということが大事だという話がありましたが、書きたいものがあるかどうかというのは、例えば生まれながらの素質なのでしょうか。

高橋 あまりにも根本的すぎて答えにくい質問ですが、中原中也賞の選考会の話に出てきた詩はいい例になると思います。例えば『ベルリン詩篇』という詩は、パウル・ツェランという詩人の研究者でもある冨岡さんが詩や歴史に真摯《しんし》に向かい合って、人間は歴史にどのように立ち向かって生きていくかというテーマを詩にしたものです。ほんとうにパーフェクトな詩なのですが、それなのになぜ心を動かされないのか、ということを考えてみましょう。

ポール・ド・マンという批評家に『理論への抵抗』（国文社）という作品があります。彼はその中で、「理論」を作るとき、必ずそこで、本来の「読み」のもつ根源的な多義性が失われるとしました。僕はそれを少し読み替えて「正しさへの抵抗」と呼んでいます。人は「正しさ」に抵抗する。なぜなら、「正しさ」は生きることの根源的な多義性を損なうからです。

正しさの向こう側には絶対的に動かせないものがあって、そこが何かうさん臭い。僕たちの中には正しさを求めているところもあるけれど、それと同時に絶対的に正しいと思うと抵抗したくなる。ある意味、どうしても否定できない何かに抵抗したいという一点に、詩や文学は懸けているのではないか、という気がします。

作者の冨岡さんは自覚していないと思いますが、『ベルリン詩篇』はほんとうに立派で正しい。だけど、こんな立派なものを読みたくないよね、だって僕らは立派じゃないもん、と思ってしまうのです。

一方、『国境とJK』の尾久さんは、二八歳の男性で精神科医なのですが、このぐらいの年齢の男性には書くべきテーマがない、それで女子高生になってみたら書けたという詩です。僕はこの悲しい感じがいいな、と思います。もう一人の野崎さんもやはり三〇代前半、大学院で民俗学の研究をしていて、「故郷・長崎」について熱い思いをつづっていくのが『長崎まで』という詩です。ところが、それは全部ウソで、彼女は長崎に行ったことすらないんです。

でも、僕も含めた審査員全員が次の数行に「泣いた」と言いました。

まったく長崎まで何のために来たのか
路面電車で眼鏡橋近くの電停まで行って「長崎詩情」を口ずさむ
私の生まれた冬がない
なかったら作ったらいい
作ったらいいんだ

なぜかは意味不明なのですが、ここには、とにかく熱い思いがある。それを言葉にするための故郷が自分にはないから、行ったこともない長崎を勝手に選んだ。つまり、野崎さんには書きたいことというよりも、そのもう一個手前の、言葉にしたい何かがあったのです。

尾久さんにしても野崎さんにしても、何か言おうと思うと、女子高生になったり、行ったこともない場所を故郷にしたりと、ややこしい手順を踏まないと言葉にできない。でも、これは物書きとしてはある意味、すごくピュアなやり方で、それが僕たち審査員の心を動かしたんだと思います。言ってみれば、物事の始まりのようなものを感じさせたのが彼らの詩だったということです。

日本の近代文学の始まりも同じだと思います。漱石や志賀直哉みたいな人たちを思い浮かべて「立派だな」と思っているけれど、ほんとうはもっとあやしい、どうしていいかわからないで混乱しているものだったんです。ヨーロッパでは小説というものが流行っているらしい、とりあえず二流でもいいから何か書かなくちゃ……そんなおっちょこちょいな感じに僕は好感を持ちます。物事の始まりというのは、これは自分の作品、とか、自己表現という意識ではなく、それくらい慌てて、どうしようもなくて、そこらにあるものを借りてやるものです。

だから、誕生というのは汚れているんです。きれいに生まれたら誕生じゃない。まさしく、日本の小説は誕生したとき、ほんとうに汚かった。おしっこを漏らしたね、という感じだったのです。

文庫本を買うときの基準について知りたい

Q　私はそれこそ野間宏や椎名麟三といった作家ばかり読んできた世代です。書店に行っても、最近、自分が知っている作家が並んでいないので、文庫本をどういう基準で買えばいいのか、教えていただけると嬉しいです。

高橋　僕が教えている学生たちも「何を買ったらいいんですか」と聞いてくるので、「売れているやつを買えばいいんだよ」と言っています。

昔は友達から「この本がいい」「この音楽がいい」と聞きましたよね。でも、今、友達が本の話をしないんです。みんな、本を読んでいないから。友達の代わりにアマゾンのコメントを使うと、出てくる本はかなりの確率でいい、それでまたアマゾンを利用してしまうという感じです。

悔しいことに、アマゾンはよくできたシステムですね。何か買うと「この商品を買った人はこんな商品も買っています」とおすすめされるわけですが、どういう人が何をどれくらい選んだかという傾向を出しているから、よく当たっている。ユーチューブも同じです。何か音楽を聞くと、「あなたへのおすすめ」と出てくる。昔、ほんとうに音楽を好きだった友達としゃべっていたときは相手が一人だった。それが一〇〇人とか一〇〇〇人の集合で無意識でできた傾向が出てくる。悔しいけど、全部相手に、というか、アマゾンやユーチューブのシステムに読まれているわけです。アマゾンもユーチューブも問題はあるんですけど、みんながほしいという集合的無意識はバカにはできないと思います。

もちろん玉石混淆《こんこう》ですが、人々の無意識というか、大勢の人が選ぶというのは何かしら理由がある。だから、ベストセラーになったものを、「これはおもしろいな」ということプラス、なぜみんなこれを好きになったのかということを考えながら読む、これは一つの方法ではないかと思います。

第八回　総括講演
一五〇年のメディアとジャーナリズム

一色　清×姜尚中

（講義日　二〇一七年二月二七日）

【総括講演】

口コミ、新聞、ラジオ、テレビ、インターネット一色

四五分という短い時間ですが、「一五〇年のメディアとジャーナリズム」を駆け足でお話しさせていただきます。

まず、メディアの変遷をみなさんにご紹介します。もちろん明治以前は、瓦版とかはあるにしても、定期的に発行されるメディアはなく、基本的に口コミの時代でした。日本で初めての日刊新聞ができたのが一八七一年（明治四年）です。「横浜毎日新聞」というのが日本で最初の日刊新聞です。今の「毎日新聞」とはつながりはありません。この「横浜毎日新聞」ができて、それから一〇年ぐらいの間に次々に新聞社が創業します。今もある「朝日新聞」「毎日新聞」「読売新聞」、それから「日本経済新聞」です。

以来長く、新聞だけがニュースを伝えるメディアという時代が続きましたが、終戦の二〇年前、一九二五年にラジオが登場します。東京放送局ＪＯＡＫ、これが翌年、日本放送協会になります。ＮＨＫの前身です。ただ、ラジオジャーナリズムというのは、戦前はなきに等しい状態でした。ラジオのニュースは新聞社や通信社が流す記事を読む形で、ラジオ局は自前の記者

を抱えていませんでした。

ラジオが登場したころ、雑誌も発行され始めていて、影響力を持つようになっていました。週刊誌としては新聞社系の「週刊朝日」「サンデー毎日」が発行されていました。月刊誌の「中央公論」や「改造」「東洋経済」などは論壇を形成し、社会に一石を投じる記事も掲載されました。

そして、戦後です。一九五三年にテレビが登場します。NHKと日本テレビが相次いでテレビ放送を始めます。テレビジャーナリズムは新聞の力を借りつつ徐々に力をつけ、一九七〇年ぐらいまでにはしっかり確立されました。テレビの広告収入が新聞の広告収入を初めて上回ったのが一九七五年。テレビは新聞よりも大きな影響力を徐々に持つようになっていきました。

次はインターネットの登場です。一九九五年がインターネット元年とよく言われます。ウィンドウズ95が発売されて、インターネットが世の中に少し知られるようになってきたころです。朝日新聞社はオンラインニュースサイト、asahi.comを一九九五年に開設しています。

まだ短いインターネットの歴史ですが、その中で大きいのは、SNS(ソーシャルネットワーキングサービス)、つまりツイッターとかフェイスブックとかの登場です。日本では、二〇〇八年にSNSの利用が本格的に始まり、今や、ネットでニュースを見て、そのニュースをSNSで拡散する時代になっています。明治一五〇年の中で、インターネットはわずか二〇年ぐらい、

ＳＮＳはわずか一〇年ぐらいのメディアですが、非常に大きな影響力を持つメディアになっています。

フェイクニュースとメディア小史

明治維新以前は瓦版と口コミの時代ですから、これは今言われているフェイクニュース、つまり、にせニュースの横行があったであろう時代だと思います。例えば幕末期に「ええじゃないか」騒動がありました。空から大神宮のお札が降ってきたという情報をきっかけに民衆が興奮して「ええじゃないか」と踊りまわるのですが、フェイクニュースに踊らされたのは間違いないでしょう。これは一つの例ですが、うわさというフェイクニュースが横行した時代だったと思われます。

その後、非常に大雑把ですが、一八六八年の明治維新から一九三一年の柳条湖《りゅうじょうこ》事件（満州事変）が起きるまでの時期は、意外に自由なメディア活動が行われた時代です。当時の新聞を見ますと、激しい政府批判もやっています。今の新聞よりももっと激しい政府批判がたくさん見られます。いろいろな内閣が新聞に手を焼いています。もちろん、言論を規制するような法律もありますから、検閲とか発行停止とかもありましたが、政府も新聞の言論に気を使っていた印象があります。

例えば、日露戦争の講和のために、小村寿太郎《こむらじゅたろう》がポーツマス条約を結びます。それに対して新聞は、その講和の条件が甘すぎると激しく政府を批判しました。それが民衆を煽《あお》って、一七人が死ぬ大暴動となった日比谷焼き打ち事件を引き起こしました。これは当時の新聞のポピュリズム体質を表した事件で、行きすぎた言論だったとは思いますが、新聞の言論が自由だったことも示しています。

ただ、一九三一年の柳条湖事件から太平洋戦争終了までの「一五年戦争」と言われる時代に入っていくと、新聞はかなり不自由になり、広い意味でのフェイクニュースが横行する時代になりました。柳条湖事件自体がもともと、中国軍が線路を爆破したというフェイクニュースから始まっています。これは当時でも気づいていた人はたくさんいたようですけれども、日本軍のやったことを中国軍の仕業だとして、戦端が開かれました。新聞もそのことを、ある程度わかっていながらも、軍部の強硬な発表に押される形でフェイクニュースを伝えたのです。

事変と呼ぶ戦争が始まると、この時代には戦意高揚の記事が新聞紙面をたくさん飾りました。翌年の一九三二年、上海《シャンハイ》で日本軍と中国軍が対峙《たいじ》します。両軍の間には鉄条網がありました。日本軍は鉄条網を破壊することが必要になり、筒型の爆弾を抱えた砲兵三人が命じられて鉄条網めがけて突っ込みます。火をつけた爆弾を鉄条網付近に投げて爆発させ、自分たちは逃げ帰るという作戦でした。しかし、戻るタイミングを失ったらしく、三人とも爆死してしまいました。それを「朝日新聞」は肉弾三勇士、「毎日新聞」は爆弾三勇士と呼んで、命を捨てて任務を達成した勇士だと褒めたたえる記事を競うように書きました。両社はそれぞれ、「讃《たた》える歌」を募集し、大々的に発表会をしました。ほかにもこの話は、映画になったり、演劇になったり、ラジオ番組になったりしました。完全なフェイクニュースではありませんが、戦意高揚のために美談に仕立て上げるという広い意味のフェイクニュースの例だと思います。

その後、戦況は大本営発表という形で公表され、新聞はそのまま伝えていくことになります。今から見ると、大本営発表の多くはフェイクニュースだったと言っていいでしょう。

戦後の日本のジャーナリズムは戦前の深い反省から出発しました。私は、終戦から二〇〇〇年ぐらいまで、総体的にはメディアが戦後民主主義の価値を大切にして、よくがんばった時代だと思います。私もそこに身を置いていたので、みなさんにどこまで説得力を持つかわかりませんが、私はそう思っています。

新聞だけでなく、雑誌も元気でした。終戦から一九七〇年ぐらいまでが紙媒体が一番元気な時代だったと私は思っています。そこから二〇〇〇年ぐらいまでは、テレビジャーナリズムも非常に大きな影響力を持ちました。新聞もまだ伸びていましたので、テレビと新聞というマスコミの黄金期と言ってもいいと思います。

先ほど一九九五年がインターネット元年と言いましたけれども、インターネットがほんとうに世の中でちゃんと力を持つようになってくるのは二〇〇〇年ぐらいからでしょう。いろいろなニュースサイトができ、多くの人がそこからニュースを知るようになってきます。そして二〇一〇年ぐらいからは、今度はスマホを使ったSNSによる情報の拡散期に入りました。そうなると、口コミの時代に再び戻るような状況がでてきました。フェイスブックやツイッターが個人から個人へ情報を拡散していくのは、江戸時代の口コミ社会と似ているという意味です。つまり、真偽が定かでないうわさ話のような情報が高速で個人間を飛び交う時代になりました。フェイクニュースが横行するのはそうしたメディア状況が根底にあります。

第五福竜丸事件

戦後の新聞で私が高く評価する三本のスクープをご紹介します。朝日、毎日、読売が一本ずつ、いずれも新聞が書かなければ、未来永劫《えいごう》、表に出なかったかもしれない特ダネだということと、事の重大性の両方の意味で、私は戦後を代表する特ダネだと思っています。

一つは、戦後九年経《た》った一九五四年の第五福竜丸事件です。これは「読売新聞」のスクープで表に出ます。

経緯はこうです。読売新聞焼津通信部に入社二年目の安部さんという記者がいました。警察署で取材をしていたら、警察署に下宿のおばさんから電話がかかってきました。「安部さん、マグロ漁船が戻ってきたのだけど、みんなやけどをしているらしいよ」と、知らせてくれたのです。第五福竜丸が入港したのが三月一四日ですから、その翌日の一五日に情報を得た彼は一生懸命取材しています。ところがその漁船の関係者や乗組員たちは、なかなか口がかたい。ただ、乗組員のうち二人はやけどがひどいので東京大学病院に運ばれたという情報を得ました。もう彼一人の手に負えないと、「読売新聞」の東京社会部に電話したのです。

「読売新聞」は当時、社主の正力松太郎さんが原発の推進を一生懸命やっていたものですから、原子力の平和利用ということで、社会部が連載をしていました。だから原子力に対する知識のあるデスクや記者がいて、これはたいへんなことではないかと気がつきました。東大病院へ行って、病室で入院している人から話が聞けました。南太平洋で太陽のような大きな火の玉を見たという。それは何日だというと、三月一日だという。三月一日にアメリカがビキニ環礁で、BRAVOという名前の水爆実験をやっていた。彼らは予備知識がありましたから、水爆実験をした近くに第五福竜丸がいて、その放射能を浴びたのであろうという推測ができました。その日のうちに原稿を書き、翌日朝刊の社会面に「邦人漁夫、ビキニ原爆実験に遭遇」「23名が原子病」と大きな記事が掲載されました。記事を読んだ他社の記者はびっくり仰天して、一生懸命この話を追いかけていく。被爆した久保山愛吉さんという方は半年後に亡くなってしまいました。

この第五福竜丸事件は社会に大きな影響を与えました。原水爆禁止の署名運動に三〇〇〇万人以上の日本人が署名して、翌年には広島で第一回の世界原水爆禁止大会が開かれました。つまり、この記事がなかったら、その後の原水爆禁止運動はあったかどうかわかりません。みなさんご存じの映画『ゴジラ』もこの事件から着想を得てできた映画ですから、このスクープがなければ『ゴジラ』という映画もなかったかもしれません。

リクルート事件

次は「朝日新聞」ですけど、リクルート事件です。一九八六年にリクルートコスモスという、リクルート社の子会社が株式を公開します。川崎市の助役が上場前の未公開株を持っていて、上場するとすぐに売って一億円もの利益を得ていました。このことを警察がつかみ、捜査を始めます。当時、川崎市に新しくリクルートがビルを作っていて、その規制が緩和されていました。一億円は規制緩和をしてもらうための賄賂ではないかと疑われました。

ただ、リクルートは株をただであげていたわけではなく、買ってもらっていました。警察は、株というのは儲《もう》かるときもあるし、損をするときもあるから、利益を賄賂と認定できないという結論を出し、捜査をあきらめました。

取材をしていた川崎支局の若手記者たちはあきらめませんでした。当時はバブルの入り口で新規上場株は上場すれば必ず瞬間的に値上がりしていました。しかも、リクルートコスモス株は買ってもらうとはいえ、リクルートの子会社のファイナンス会社から融資をつけていました。手続きはリクルートが代行してやっていましたので、もらう側は何もしないでも大金が口座に振り込まれるという贈与と実体的にはほとんど変わらない形でした。「これは絶対におかしい」と考え、自分たちが取材した結果を自分たちだけの責任で書くことにしました。事件の第一報は、一九八八年六月一八日に「助役が関連株取得　『リクルート』川崎市誘致時　公開で売益1億円」という見出しで社会面に大きく報じられました。これも、「朝日新聞」が書かなかったら、リクルート事件は世の中に出なかったと思います。

未公開株は、江副浩正《えぞえひろまさ》さん（当時リクルート社会長）が、川崎市の助役だけではなく仕事の上で大切にしたい人たちに同じやり方で譲渡していました。名だたる政治家、経済人、官僚、マスコミ人たちでした。結局、捜査当局は利益を賄賂性があると認定し、たくさんの大物がつかまったり、職を辞したりしました。結局、竹下登首相サイドも儲けていて、竹下内閣が潰れました。

これがきっかけになり、「政治とカネ」が非常に大きな問題になって、小選挙区制とか政党助成金制度とか、そういうものに繋《つな》がっていきました。「朝日新聞」の若手記者たちのがんばりがなければ、日本の政治の体質改善はできていなかったかもしれません。

旧石器ねつ造事件

三つ目は、「毎日新聞」です。二〇世紀の最後の年、二〇〇〇年に発覚した旧石器ねつ造事件です。藤村新一さんという、当時、旧石器時代の石器を発見する名人がいまして、「神の手」と呼ばれていました。かつて、日本には旧石器時代はなかったとされていました。戦後見つかった石器により、かろうじて三万年前の旧石器時代後期はあったというところまではわかってきていました。ところが一九七〇年代半ばぐらいからこの藤村さんが次々にさらに古い旧石器時代の石器を発見し、日本の旧石器時代の始まりがどんどんさかのぼっていきます。ついに七〇万年前までさかのぼり、アジアでは日本列島だけにこんなに古い時代に旧石器を使った人類が暮らしていたということになっていました。

スクープのきっかけは、「毎日新聞」の根室通信局にいた記者が、考古学者から「おかしいといううわさがある」という話を耳にしたことです。本社の社会部デスクに伝えると、自分たちの手で検証しようということになり、取材班が結成されました。藤村氏が参加する発掘現場でひそかに張り込みをしました。そして、とうとう藤村氏が朝早く発掘現場に一人で来て、穴を掘って石器らしきものを埋める現場を撮影することができました。証拠を揃《そろ》えた上で、藤村氏を問いただしました。藤村氏は石器を埋めて発見したことにしていたと認めました。「毎日新聞」は一一月五日の朝刊一面トップで四枚の写真を使って「旧石器発掘ねつ造　宮城・上高森遺跡　調査団長藤村氏」と大々的にスクープしました。

これもすごいスクープだなと思うのは、歴史を正したことです。このスクープがなければ、おそらく今も日本には七〇万年前ぐらいまでの旧石器時代があったということになっていたでしょう。実際、どの歴史の教科書にもそう書かれていました。このスクープの後に教科書はすべて書きかえられました。

新聞が大きな影響力を持っていた時代の大スクープを三つ紹介しました。

フェイクニュースの四類型

そして、今、フェイクニュース、日本語にすれば「にせニュース」が横行している時代になっているということであります。

にせニュースを私なりに四つに分けてみました。

まず愉快犯的なものがあります。例えば、この写真です。二〇一三年一二月にエジプトで雪が降りました。一〇〇年ぶりとか一一〇年ぶりと言われた雪だったのですが、スフィンクスが雪で覆われたという写真が出回りました。これは「HUFFINGTON　POST」日本版という信頼度の高いニュースサイトでも、ある一定時間使われた写真ですが、完全なフェイク

2013年12月ごろに出回った、雪で覆われたスフィンクスの写真。
「HUFFINGTON POST」日本版等のニュースサイトでも、一定時間使われた。

です。これは実は、エジプトではなく、日光にあるテーマパーク、東武ワールドスクウェアで撮影されたものでした。東武ワールドスクウェアでは、世界の有名な建造物を二五分の一のミニチュアで展示しています。そのミニチュアのスフィンクスに雪が降り積もっている写真だったのです。だから横にいる人々も小さな人形です。かつてネットにアップされた写真を誰かがおもしろがってエジプトの雪にあわせて流したのです。これは笑い話ですむものでしたが、愉快犯的な動機であっても、社会に害悪をもたらすものもあります。例えば熊本の震災のときに、動物園からライオンが放たれたという画像が出回りましたが、あれは被災者に恐怖と混乱を与えるものでした。

曖昧な情報がうわさを生む

二つ目の類型は、情報の穴埋めとしてのフェイクニュースです。最近の例としては、二〇一七年二月八日に、「私立恵比寿中学」というアイドル・グループで活動していた松野莉奈さんという一八歳の女性が亡くなったというニュースがありました。まだ一八歳という若さでアイドルが亡くなったわけですからファンの人にとっては非常に関心の高いニュースだと思います。ところが、死因の発表がなかった。これがまだ若いのにどうしたのだろうということで、憶測を呼ぶことになりました。

社会学者の研究で、うわさの公式というのがあります。ことの重要さ×情報の曖昧さ——この掛け算の答えが大きければ大きいほど、うわさの広がりが大きいというのです。松野莉奈さん急逝のニュースも、関心は高いのに情報が出ない、つまりうわさが広がりやすい状況でした。そうしたなかで、誰かがツイッターでウイルス性急性脳症とつぶやきました。そうしたら、「ウイルス性急性脳症だそうです。ご冥福をお祈りします」と、拡散していきました。結局、二日後に所属事務所が致死性不整脈という病名で亡くなったと発表して、それで落ち着きました。

情報のすき間を埋めるためのフェイクニュースは、東日本大震災のときにもありました。例えば千葉でコスモ石油のタンクが爆発して、一日半ぐらい燃えました。そうしたら雨の予報だったものですから、雨にはタンクから出た有害物質が含まれているから危険だよという情報が、チェーンメールで流れました。まったくの間違いで、雨に有害な物質が含まれているということはありませんと、コスモ石油などからすぐに打ち消されたにもかかわらず、ものすごい勢いで「雨が有害」といううわさが流れました。被災地で外国人が犯罪をしていてとんでもないことになっているといったうわさも、たくさん出回りました。これらも情報のすき間を埋めたいという群集心理からくるフェイク情報だと思います。

政治的意図

三つ目が、いわゆる政治犯です。今回のアメリカ大統領選挙では政治犯が横行しました。選挙は実業家ドナルド・トランプ候補と元国務長官ヒラリー・クリントン候補のあいだで激戦が繰り広げられ、そのなかで数々のフェイクニュースが流されました。その多くはトランプ上げ、ヒラリー下げを狙ったものでしたから、トランプ支持者側が流したのであろうと言われています。

例えば、「二〇一三年にヒラリー・クリントンは言った。『ドナルド・トランプのような人物の出馬を望む。正直で買収されることがないからだ』」という情報が流れましたが、これはトランプ氏を持ち上げることになります。ヒラリー氏はこんなことを言っていません。それから、

「ローマ・カトリック教会のフランシスコ法王がトランプ氏を支持」とか、「マイク・ペンス副大統領候補がミシェル・オバマ大統領夫人を『例を見ない品のないファーストレディだ』と述べた」とか、いずれもフェイクニュースなのですが、こういうものが九〇万の人にシェアされるという状況になりました。さらに選挙戦中にトランプ候補が言ったことのなかには、「テロ組織ＩＳはバラク・オバマが設立した」とか、「地球温暖化は中国のでっち上げだ」とか驚くようなフェイクニュースがありました。

トランプ氏が本当に信じて言っていたのか、それともウソだと知っているのに戦略的に言っていたのか、これはわかりません。ただ私は、トランプ氏はある程度信じていたのではないかと思っています。トランプ氏には取り巻きがたくさんいて、耳にする意見はある偏りを持っているはずです。取り巻きの人たちの中で好まれる情報が大きく伝えられ、そういう情報を共有しあって、どんどん情報が強められたという可能性があります。客観的にみると「とんでも情報」なのですが、その中にいると信じてしまうということがあり得ます。つまり、トランプ氏自身にメディアリテラシーが決定的に欠けていたのではないかという気がします。

厄介なところは、これを新聞やテレビが否定しても、その否定が通じないところです。否定しても信じない、あるいは否定を見たり聞いたりしない、そういう人がたくさんいることなのです。

英エコノミストと英調査会社ユーガブが
米国成人1376人を対象に行った世論調査結果

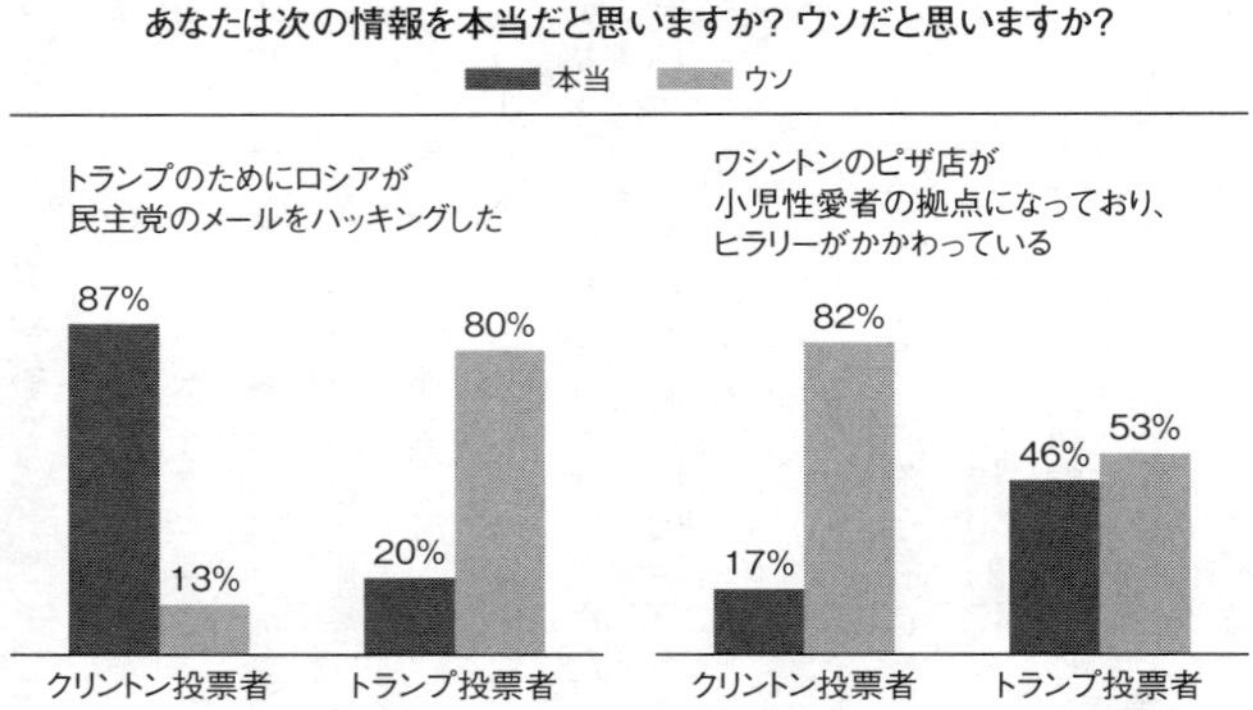

https://today.yougov.com/news/2016/12/27/belief-conspiracies-largely-depends-political-iden/を元に作成。

上図はイギリスの経済雑誌と調査会社がアメリカの政治を対象にした世論調査の結果です。左のほうは、トランプのためにロシアが民主党のメールをハッキングしたと。つまり、これはいわゆるトランプ下げの記事。だけどこれはかなり信ぴょう性のある話です。クリントンに投票した人の八七％は、この情報を真実だと思っていました。一方、トランプに投票した人は、八〇％が真実でないと思っています。

いわゆるピザゲート事件と言われている事件についても聞いています。ワシントンのピザ店が小児性愛者の拠点になっていて、それにヒラリー陣営がかかわっているという情報がＳＮＳで広まりました。この話を信じた男がピザ店に銃を持って侵入して発砲するという事件が起こりました。ピザ店が小児性愛者の拠点になっているというのは、明らかなフェイクニュースであると私は思いますし、世界の多くの人もそう思っていると思います。にもかかわらず、トランプ氏に投票した人は、四六%の人がピザゲートを真実だと思っているわけです。ピザゲートはフェイクだとメディアでかなり報じているにもかかわらず、こうなるところに、ネット社会のややこしさがあると思います。つまり、自分たちの好む情報だけをチェックしていればいいとなりがちなネットメディアの怖さだと思います。

金儲けのためのフェイクニュース

四つ目は金儲けのためのにせニュースです。ニュースサイトを作り、クリック数が増えるようなフェイクニュースをアップします。クリック数が増えると広告収入が増えるからです。お金儲けのためにウソのニュースをでっちあげるというのは、政治犯以上に怖い話です。

これは実際に日本にあったフェイクニュースサイトです。「大韓民国民間報道」(現在閉鎖)というサイトですけど、これに「韓国ソウル市、日本人女児強姦《ごうかん》事件の判決、一転無罪」という記事が出ました。こんな話は、まったくありません。そもそもソウル市で日本人女児が強姦されたという事件自体がありません。もちろん、韓国でそれが一転無罪になったなんていうこともありません。つまり、二重にあり得ないことを作っているサイトです。

「BuzzFeed NEWS」というニュースサイトがあります。アメリカで非常に信頼を得ているネットニュースサイトで、自前で取材をする記者を抱えており、その日本版も一部ですが自前で取材する体制をとっています。この「BuzzFeed NEWS」日本版が「大韓民国民間報道」を作った二五歳の男性にインタビューしたところ、クリック目的の金儲けのために作った、韓国をおとしめるサイトを作れば、クリック数が増え広告収入が得られると思ったからだと答えています。ただ、クリックはそれほど増えなかったし、怒られそうだし、やめますということで、このフェイクニュースサイトはなくなっています。つまり、日本でも、お金儲けのためににせニュースサイトを作るということが実際に起きているのです。

日本では、DeNAが運営しているWELQという医療健康情報サイトの問題もありました。このサイトはここで掲載されているものについて私どもは責任を持ちませんと、はっきり書いてありました。なぜならば、これは読者の投稿欄だから、という理屈です。ただ、書いてある内容はかなりひどくて、肩こりの原因は幽霊だとか、がんでも何でも治る水がありますとか、とんでも情報がいくつもまじっていました。

実は、そもそも、「このネットは投稿サイトです。だから責任を持ちません」と言ったこと自体がウソでした。ネット上で人を集められる情報サイトを通じて、ライターを集めて、書かせていたのです。しかも、検索上位に来るように、文章は何文字以上とか、こういう書き方をするようにとか、指示していました。だから、本来は、書かせている側のＤｅＮＡが内容に責任を持たないといけません。だけど、彼らは内容に責任を持つつもりがない、そんなものにコストをかけたくないから、これは読者の投稿サイトですと言っていたのです。

こうしたニュースサイトが、インターネットのあちこちに紛れ込んでいるということを考えると、情報の海の中では珠玉の情報というのはほんのわずかしかない、それをどうやって見分けたらいいのだろうという気持ちになってきます。

アメリカでスリラー映画の宣伝のために立ち上げられたサイトがにせニュースサイトでした。その記事には、このスリラー映画に関連する言葉が盛り込まれているのですが、まったく関係ないトランプ氏やレディー・ガガ氏などの有名人のにせニュースが入っていました。これもまた深刻だと思うのは、やらせていたのは二〇世紀フォックスという、アメリカの大手映画会社でした。問題を指摘されて、これはやりすぎだったとにせニュースをすべて削除し、謝罪をしていますが、大きな会社でさえフェイクニュースを流すことへの罪悪感が薄らいでいるという深刻な話だと思います。

民主主義のインフラが揺らいでいる

政治家の発言などが事実に基づいているのかどうかをチェックするため、「朝日新聞」は紙面を割いてファクトチェックを始めました。ただ、いくら真実は違うと言っても信用しない人がいるように、それはオルタナティブファクト（もう一つの真実）ですからと言われたら、対話が成立しません。真実性の追求はそこで止まってしまいます。トランプ政権とメディアの間では、こんなやりとりが日常的に行われていて、深くて暗い溝を感じてしまうわけです。

どうしてこんな状況になったのかということですが、まず、SNS自体の構造的な問題があると思います。カタカナばかりで申しわけありませんが、ネットではプラットフォームとコンテンツが分離します。例えば、「朝日新聞」というのは紙のプラットフォーム、そこに載っているひとつひとつの記事がコンテンツです。「朝日新聞」というプラットフォームと記事というコンテンツはこれまでは一体でした。だから、記事の信用は「朝日新聞」が保証しているということがわかりました。「朝日新聞」を信用できると思えば、記事は信用できると思えたわけです。ただ、ネット、特にSNSではこれが分離して、記事だけが一人歩きします。しかもそれが、ソース、つまりどのプラットフォームに載っていた話なのかというのが明示されていたり、リンクが張られていたりするとまだいいのですが、そういうソースやリンクなしに、情報だけが拡散していることもよくあります。

口コミは昔からそうですけど、ニュースソースがはっきりしない。例えば、うちのお姉ちゃんの友達が幽霊を見たと言っていたよという話を聞いて、その友達の具体的な名前を言ってごらんと言うと、いや、名前は知らないのだけどとか、友達の友達だよということで、ソースがわからない。それと同じようなことです。つまり、プラットフォームとコンテンツが分離することで、プラットフォームの信頼性という意味がなくなってくるわけです。

民主主義というのは、ある程度みんなが正しいと思う情報を共有するインフラが必要です。その上で、私はこう思う、私はこういう人を支持するということで成り立ちます。その民主主義のインフラ自体が、かなりぐらぐらしている。みんなが共有している正しい情報というのが何かわからない。あるいはオルタナティブファクトのほうを信じる人もいる。

今、ジョージ・オーウェルの『1984年』がアメリカで再びベストセラーになっているそうです。『1984年』は独裁政権による管理社会を描いたディストピア小説ですが、暗い時代の到来をみんなが非常に危惧しているからこそ売れているのでしょう。おそらくオーウェルの小説を連想させる状況が、現在のアメリカにある。これがアメリカの大統領選挙を通じた一過性のものかどうかはわからないところはありますけど、私は構造的な問題としてこういうことが起こっているのではないかと思います。

できることは何か

私たちはもう後戻りはできません。インターネットもSNSもやめるわけにもいきません。

しかし、そうはいっても何かしないといけません。一つは、ファクトチェックをメディアでていねいに行うことです。事実と違う情報には、それは違うよということをきちんと指摘することです。既存のメディアだけでなく、ＧｏＨｏｏというサイトや弁護士ドットコムというサイトでもやっています。信頼できる第三者機関が担うのが一番いいのかもしれません。

次に地味ですが、メディアリテラシー教育です。必ず情報はダブルチェックしたものを信用してくださいとか、ソース、つまりどこから引いてきた情報かをきちんと明示しているものを信用してくださいとか、あるいは、常識に照らして考えてみましょうとか、そういうことを教えるのです。大学生では遅いと思いますので、小学校、中学校、高校でもっとやったほうがいいと思います。

三番目は、にせニュースを表示させないテクノロジーづくりです。今、フェイスブックやグーグルもさすがに考え始めました。今のところ、画期的なテクノロジーとはいえませんが、読んだ人がそれはにせニュースではないかと指摘することから始めようとしています。クリック一つでフェイスブックに指摘できれば、フェイスブックは自分で判断せずに、それを第三者機関に判断してもらいます。第三者機関がフェイクだと判断すれば、「これはフェイクの可能性がありますよ」と旗を立てる、ということを考えています。けれども、スクープは世の中にこれまでまったく出たことのないニュースですから、フェイクかどうか確かめようがありません。

「第五福竜丸が被爆したよ」と言われても、それが本当かどうかは取材しないと確かめられない。そういう問題もあるので、テクノロジーがすぐに功を奏するのかどうかわかりません。

オーウェルの世界に向かっているような嫌な感じのする状況ですが、メディアの変革期に起こっている過渡的な現象かもしれません。人々が新しいメディアの問題点を理解し、状況が安定してくれれば、ルールやテクノロジーを使って、民主主義のインフラを壊さないで、フェイクニュースが排除されていく社会になっていく可能性は十分にあると思います。

今日は駆け足になりましたけれども、今のメディアの状況と、フェイクニュースがなぜ起きて、どういう対処のしかたがあるのかといったことを中心にお話しいたしました。ご清聴ありがとうございました。

【コメント】

姜　基調講演のときは一色さんから、SNSをはじめとする、ネット社会の問題のご指摘がありましたが、今回はより深く問題をえぐっていただきました。今日の一色さんのお話の中では、前回より少し俯瞰的《ふかんてき》に、アングルを変えて言うと、なぜこうなったんだろうかという問題です。

言葉としては、フェイクニュースということでいろいろ言われていますが、ずっと前に、社会学者の清水幾太郎が流言蜚語《ひご》の研究を社会学の立場でやっていました（『流言蜚語』ちくま学芸文庫）。清水幾太郎の場合には、その流言蜚語の持っている両義性みたいなものを問題にしているわけです。これは韓国の例でいうと、韓国は民主化を達成しようとするときに、逆に情報統制に対して流言蜚語の持っているアンビバレントな――つまり流言蜚語がむしろ真実を語っているのではないかという形で、いわば独裁政権、軍事政権の情報コントロールにあらがう力として、流言蜚語にむしろ大衆の持っている真実を伝える、そういうポジティブな意味を込めて、流言蜚語ということが言われた時代があった。

しかし、今回一色さんが取り上げた問題は、デモクラシーのインフラストラクチャーがなぜこんなに危うくなってきたのだろうか、ということです。その根本にあるものは何だろうかということですが、私はこれは日本だけではなくて、全世界に共通している問題として、政治自体が消滅しているのではないかとすら思います。

そもそも政治とは一体、何を目指すことだったのだろうかと考えてみますと、政治とは、私たちの世界の中の公共的な空間とかかわっている。私たちの世界には公共性というものが独自な存在としてあって、その中で私たちはあらゆる市民に共通した、我々が考えなければならないテーマを議論し、そして、その中で私たちが何かを選択していくということです。そのためのメディアとして、今日お話しになった中では、新聞と同時に論壇というものが戦後日本の中で、ある時期はやはり生きていた。それを担保する月刊誌というメディアがあった。それは戦前であれば「改造」とか「中央公論」とか、戦後もいろいろな月刊誌がありました。古いところでは、我々の世代は「展望」とか、また、非常に左翼的な論壇としては「現代の眼」とか、あるいは「世界」というのもそうだったでしょう。一時期は「朝日新聞」もある種のオピニオン誌を出していて、それは週刊誌としては「朝日ジャーナル」だった。その中には筑紫哲也さんみたいな名編集長がいらっしゃった。そこでは公共空間というのが成り立っていた――読者が自分たちの問題を考えるうえで、パブリックコメンテーターの役割を果たしていた。今、それが消滅している。

つまり、なぜ公共性が私たちの社会的存在にとって必要なのかということの意味が、ほとんど失われていきつつあるのではないか。その公共性というものが根本的にわからなければ、なぜ政治という世界を通じて問題を解決しようとするのかということがほとんどわからなくなってくる。これまでは、市民的公共性ということが一つの理念としてであれ、戦後民主主義の、あるいは先進国といわれた国には一応あると考えられていたわけです。

市民的公共性については、ドイツのハーバーマスという学者が『公共性の構造転換』（細谷貞雄訳、未来社）という本で六〇年代の初めにすでに書いていたと思いますが、戦後日本の中でも松下圭一さんとかいろいろな方が議論して、市民という言葉がものすごく息づいていた。そこには市民による公共空間があって、その中で私たちの共通のテーマをみんなが議論し合う、そのときにパブリックコメンテーター、それを知識人というかどうかは別にして、そういう人たちの言論空間というものに価値があると見られていたわけです。新聞もそうだったと思いますけれども、そのときは間違いなく活字文化というものが生きていた。

メディア論的には今日一色さんが見事に整理されたことを、アングルを変えて政治学の立場で見ると、なぜデモクラシーのインフラストラクチャーがこんなにあやふやになっているのかというのは、そもそも政治自体が、もうなくてもいいじゃないか、私的なものに任せればいいじゃないか、だから、政治家も単なる私的利害の代弁者にすぎないというようなことに、だんだん近づいているからではないか。そうすると、その背景にあるのは政治の消滅ではないかというふうに、私自身には思わざるを得ないところがあります。

そうした状況のなかで、トランプという人が出てきた。彼が言っていることは、公共性というのは要らない、すべてがディール、取引だということです。彼はまさしく政治の消滅を体現している人ではないかというふうに見えなくもないわけです。

近代というものは公共空間を作り出すことによって、一色さんの言葉を使えば、民主主義のインフラを作ってきた。マーケットや私的なものでは、どんなに能率性があったとしても、たとえそれがコストを一番合理的に計算できたとしても、決して解決できない問題に取り組んできた。でも、その公共空間は手間暇がかかって、効率性とは違うものを基準にして成り立っているはずなのですが、それに効率性を求め、コスト削減を強いるような声が、日本でも八〇年代あたりから強くなってきた。

そうすると、結局行きつく先は、私たちのコストになる存在はないほうがいいじゃないかという話になってしまう。変な話ですけれど、相模原事件のことを連想します。犯人は社会のコストになるような存在はいないほうがいいと思って凶行に及んだ。障害者は、死んでもらったほうがいいじゃない、それが社会のためになると犯人は思っていたのではないかと思います。そうすると、それは安楽死ということに繋がる。

それはナチスドイツの場合には、ある種の人種的な衛生学――これはナチス的な優生思想ですが、完全に今度はコストの問題として切りかえていけば、安楽死ということになる。例えば八〇年代に、渡部昇一氏と大西巨人氏との間に議論がありました。渡部氏の文章は「神聖な義務」という、とんでもないタイトルだったと思いますが、つまり子どもが間違いなく障害を持って生まれてくることがわかっている場合、親はどうすべきか、それはあらかじめ生まれないようにすべきだと。でも、これは、公が命令する前に、社会が命令する前に親が自発的にそれをやるべきだ、それが神聖な義務だという、とんでもない議論を彼はやったわけです。

あの議論を念頭に置いて、今回の相模原事件を見ていくと、障害者は結局社会のお荷物じゃないか、国を困らせる、我々を困らせるコストだ、そういう存在はないほうがいいと短絡するのは、なにも犯人の特有な性格というわけではない。今は偉そうな人種思想を振り回さなくても、コストはないほうがいいという程度の発想で、結果としては、一九人もの方が亡くなられた。その背景にあるのは、公共空間というものがますます刈り取られていっているということだと思います。

これを今日のメディアの問題として考えると、儲かるから、コストがかからないからフェイクニュースを作るという問題になっているわけです。逆に言えば、コストのかかる取材とか学術的研究とかはないほうがよいともなりかねない。ネットではすでにそうなっていることを一色さんは指摘されました。

そして、この流れに歯どめをかけるのは何なんだろうかということです。一色さんからは、地味であれ、やっぱりメディアリテラシー教育が重要だということと、そしてファクトチェックをやっていかなければいけないことが挙げられました。いずれも、紙媒体としてのメディアの復権ということがあると思います。

それと同時に、デモクラシーの最大のインフラストラクチャーは、法制なのではないかと思います。つまり、立憲主義を含めて、法というものが私たちの最後の堡塁《ほうるい》になっているのではないか。例えば実際にトランプ大統領が七カ国からの人間の入国を停止した場合、法律があるからこれに対抗できる。もちろん、これは立法権限を独裁的に、そして多数派支配にすればいいじゃないかという議論もあるけれども、しかし、やっぱり立憲主義というものが、絶対的な堡塁ではないにしても生きている。それはなかなかトランプさんでもそう簡単にはクリアできない。その結果として、彼は一回は挫折しているわけです。

日本でもやっぱり日本国憲法は生きている。たとえ満身創痍《そうい》であっても、憲法第九条がある。安保法制は通っても、自衛隊は自衛隊です。これを公に国防軍と呼ぶことはできない。たとえどんなに通常兵力で世界有数の軍事組織を持っていても、自衛隊は自衛隊であるということを、どうしても否定することはできないわけです。ですから、例えば、それこそ中国・韓国が嫌いだというような教育方針を持つような学校があっても、教育基本法第二条の「他国を尊重し、国際社会の平和と発展に寄与する態度を養うこと」という文言が法的な歯どめとなる。

この一、二年で、憲法学者、法律家の役割の大きさに私自身は改めて気づいたのですね。杉田敦さんをはじめとする一部の学者は別ですけれど、残念ながらなかなか政治学者が役割を果たしていない。それに比べると、憲法学者や法律家の役割というものが非常に大きい。

そうすると、憲法の番人とも、あらかじめ言っていいと思うのですが、そういうものとしては、デモクラシーの番人とは誰なのだろうか。これが明治一五〇年の今の日本の、同時に世界的な共通したテーマを考えるときの、私からの問題提起です。

今、私たちはデモクラシーの番人をどこに見いだせるのだろうか。他人任せの問題ではなくて、メディア、それから法の問題、それから市民的な公共空間とはどういうものなのかを、みなさんに考えていただきたい。これを結論ではないですが、しめくくりといたします。

あとがき

一色 清

二〇一二年に始まった「本と新聞の大学」は、今回で五期目を迎えました。集英社と朝日新聞社が力を合わせて何か知的なイベントができないか、ということで始まった企画ですが、「もう一期、もう一期」と続けているうちに毎年の定例イベントのようになりました。

「大学」と銘打つ以上、受講生には全八回の講義を通しで受けてもらっています。幅広い知を提供するというのが、当初からの考え方だからです。ただ、あまりにも幅広すぎて全八回が何の脈絡もないのでは、受講生の関心に応えられなくなります。そこで期ごとに通しテーマをつけています。講義に流れる通奏低音のようなザックリとしたものです。

今回のテーマは「これまでの日本、これからの日本――維新後一五〇年を考える」としました。どんな内容の講義でも包み込めるような気宇壮大なテーマです。

正確に言えば、維新後一五〇年は二〇一八年になります。講義は二〇一六年から二〇一七年にかけて行われましたので、少しばかり先取りしています。

明治維新へのこだわりは、夏目漱石が引き金になっています。モデレーターの姜尚中さんは、漱石が英語教師として四年間過ごした熊本の出身で、漱石研究家としても有名です。相方のモデレーターである私は、漱石がその前に英語教師として一年を過ごした松山の出身で、漱石には愛着があります。二〇一七年は漱石生誕一五〇年にあたっていました。テーマを決める会議で私たちは、当然のように漱石のことや明治時代のことを話題にしました。漱石が書いた明治の日本には今に通じるところがあります。話すうちに今という時代を考えるには、もっと長い時間軸が必要ではないか、という気分になりました。今期のテーマの後ろには、漱石が見え隠れしていたわけです。

この「大学」は旬の講師陣を揃《そろ》えているところが自慢です。今期の八回も内容の濃い、あるいは濃すぎるとも思える講義が続きました。初回の姜さんは、軍艦島など日本各地の歴史的現場を訪ねて感じた近代日本の光と影について話しました。第二回の赤坂憲雄さんは、来日外国人の目を通して見た明治維新前後の日本人の姿から、今の日本人が得たもの、失ったものをゆったりと流れるような口調で語りました。第三回の井手英策さんは、日露戦争の戦費を外国から調達した高橋是清の財政から説き起こし、今の日本の財政政策の問題点を熱く鋭く指摘しました。

第四回は、映画監督の行定勲さん。姜さんとは同郷で、姜さんが主演する映画『うつくしいひと』も撮りました。モデレーターを務めたのも姜さんで、在日、震災、五輪などの話題を通じて熊本から見た近代について話しました。第五回の石川健治さんはいま注目の憲法学者です。

日本が朝鮮半島を植民地にしていた時代の京城帝国大学（当時）の研究に着目し、天皇制についての斬新で鮮烈な議論を展開しました。第六回は、作家の澤地久枝さんでした。集英社新書から『14歳〈フォーティーン〉満州開拓村からの帰還』を出版していて、ご自身の人生体験を通じて残さないといけないと思っていることを語りました。第七回の高橋源一郎さんは、明治以来の文学についてです。文学作品は時代の息吹を浴びながらできるものだということを独特のユーモアを交えて説きました。

そして最後は私です。自分を含めて旬の講師陣と書くのははばかられますが、勤めている朝日新聞が間もなく創刊一四〇年になりますので、新聞の過去、現在、未来を語ることが、維新後一五〇年という時間軸にほぼぴったりはまるということで、受講生にもテーマとの関係がわかりやすかったのではないかと思います。

思えば、新聞は珍しい商品です。紙に文字が印刷されているという基本形は一四〇年間変わっていません。もちろん紙の質はよくなり、印刷は色もついてきれいになりましたが、基本スペックに変化があったわけではありません。ラジオが登場しても、テレビが登場しても生き延びてきました。よくぞここまで、と思いますが、それは人々が必要とする情報を休まず届けてきたからでしょう。もちろん時代によって間違いもあったのですが、総じて日本の社会の近代化や民主化に貢献してきたと自負しています。

でも、そんなロングセラー商品にも最近は陰りが見えます。インターネットやSNSの発達により、紙に印刷された商品を必要としない人が増えているのです。紙よりスマートフォンのほうが便利だという人にあらがうことはできません。ただ心配なのは、信頼できる情報を、価値判断をつけて届けるという新聞が果たしてきた役割をネットが肩代わりできるのかということです。

アメリカ大統領選挙で流行語のようになった「フェイクニュース」は、ネット社会の産物と言っていいでしょう。信頼できるかどうかの判別が難しい情報がSNSであっという間に広がります。中には、誰かを貶《おとし》めるためだったり、金儲《かねもう》けのためだったりするフェイクニュースが真実らしく世間に登場します。そして、ネットで自分に心地いい情報だけを摂取しようとする人たちには、そのニュースが心地よければ、「それはフェイクだ」といくら言っても届かないのです。

ひょっとすると「本と新聞の大学」のような教養講座の役割は、フェイクを見分ける目を養うことにあるのかもしれないと思いました。幅の広い教養と常識を身につけることがフェイクに惑わされない唯一の道ではないでしょうか。「本と新聞の大学」がそうした役割を果たせればいいと思いながら、まだ続けていこうと話しています。

編集協力／加藤裕子　坂本信弘
図版作成／ＭＯＴＨＥＲ

一色　清（いっしき　きよし）
朝日新聞社教育コーディネーター。

姜尚中（カン　サンジュン）
政治学者。東京大学名誉教授。熊本県立劇場理事長兼館長。

赤坂憲雄（あかさか　のりお）
民俗学者。学習院大学教授。福島県立博物館館長。

石川健治（いしかわ　けんじ）
憲法学者。東京大学大学院法学政治学研究科・法学部教授。

井手英策（いで　えいさく）
財政社会学者。慶應義塾大学教授。大佛次郎論壇賞受賞。

澤地久枝（さわち　ひさえ）
ノンフィクション作家。菊池寛賞、朝日賞受賞。

高橋源一郎（たかはし　げんいちろう）
小説家。三島由紀夫賞、伊藤整文学賞、谷崎潤一郎賞受賞。

行定　勲（ゆきさだ　いさお）
映画監督。代表作に『GO』『世界の中心で、愛をさけぶ』など。

明治維新《めいじいしん》150年《ねん》を考《かんが》える――「本《ほん》と新聞《しんぶん》の大学《だいがく》」講義録《こうぎろく》

集英社新書〇九〇六B

二〇一七年一一月二二日　第一刷発行

著者……一色《いっしき》　清《きよし》／姜尚中《カンサンジュン》／赤坂憲雄《あかさかのりお》／石川健治《いしかわけんじ》／井手英策《いでえいさく》／澤地久枝《さわちひさえ》／高橋源一郎《たかはしげんいちろう》／行定《ゆきさだ》　勲《いさお》

発行者……茨木政彦

発行所……株式会社集英社
東京都千代田区一ツ橋二－五－一〇　郵便番号一〇一－八〇五〇
電話　〇三－三二三〇－六三九一（編集部）
〇三－三二三〇－六〇八〇（読者係）
〇三－三二三〇－六三九三（販売部）書店専用

装幀……原　研哉

印刷所……凸版印刷株式会社

製本所……加藤製本株式会社

定価はカバーに表示してあります。

ISBN 978-4-08-721006-4 C0236
Printed in Japan

a pilot of wisdom

第1期

『「知」の挑戦　本と新聞の大学Ⅰ』

モデレーター：一色清　姜尚中
講師：依光隆明　杉田敦　加藤千洋　池内了

東日本大震災から一年後に始まった、朝日新聞社と集英社による連続講座「本と新聞の大学」初の書籍化。「日本はどうなる？」（一色清×姜尚中）／「私的新聞論——プロメテウスの罠」（依光隆明）／「政治学の再構築に向けて」（杉田敦）／「二〇二〇年の中国——世界はどう評価するか」（加藤千洋）／「科学と人間の不協和音」（池内了）を収録。

『「知」の挑戦　本と新聞の大学Ⅱ』

モデレーター：一色清　姜尚中
講師：中島岳志　落合恵子　浜矩子　福岡伸一

これからの日本を考える、日本版「白熱教室」。「橋下徹はなぜ支持されるのか」（中島岳志）／「OTHER VOICES・介護の社会学」（落合恵子）／「グローバル時代をどう読むか——地球経済の回り方」浜矩子／「科学と芸術のあいだ」（福岡伸一）／「日本のこれからを考える」（一色清×姜尚中）を収録。

第2期

『東アジアの危機　「本と新聞の大学」講義録』

モデレーター：一色清　姜尚中
講師：藤原帰一　保阪正康　金子勝　吉岡桂子

豪華講師陣による連続講座の書籍化第二弾。「東北アジアと日本の将来を考える」（姜尚中）／「アジアの軍縮・軍備管理と日本」（藤原帰一）／「世界における歴史認識と日本」（保阪正康）／「世界経済と日本」（金子勝）／「〈中国環境脅威論？〉——隣人と向き合う」（吉岡桂子）／「メディア激変は民主主義の味方か敵か」（一色清）を収録。

第3期

『日本の大問題「10年後」を考える　「本と新聞の大学」講義録』

モデレーター：一色清　姜尚中
講師：佐藤優　上昌広　堤未果　宮台真司　大澤真幸　上野千鶴子

豪華講師陣による連続講座の書籍化第三弾。「基調講義」（一色清×姜尚中）／「反知性主義との戦い」（佐藤優）／「高齢化社会と日本の医療」（上昌広）／「沈みゆく大国アメリカと、日本の未来」（堤未果）／「二〇年後の日本、感情の劣化がとまらない」（宮台真司）／「戦後日本のナショナリズムと東京オリンピック」（大澤真幸）／「二〇二五年の介護：おひとりさま時代の老い方・死に方」（上野千鶴子）／「総括講義」（一色清×姜尚中）を収録。

第4期

『「戦後80年」はあるのか　「本と新聞の大学」講義録』

モデレーター：一色清　姜尚中
講師：内田樹　東浩紀　木村草太　山室信一　上野千鶴子　河村小百合

豪華講師陣による連続講座の書籍化第四弾。

「基調講演」（一色清×姜尚中）／「比較敗戦論　敗戦国の物語について」（内田樹）／「本と新聞と大学は生き残れるか」（東浩紀）／「集団的自衛権問題とは何だったのか　憲法学からの分析」（木村草太）／「戦後が戦前に転じるとき　顧みて明日を考える」（山室信一）／「戦後日本の下半身　そして子どもが生まれなくなった」（上野千鶴子）／「この国の財政・経済のこれから」（河村小百合）／「総括講演」（姜尚中×一色清）を収録。